見えないボクと盲導犬アンジーの
目もあてられない日々

原作 栗山龍太
文 栗山ファミリー
企画構成・イラスト エイイチ

小学館

僕はイラストレーターをやっているエイイチといいます
まずは、この本ができたキッカケをお話しさせてください
どうも～
それはあるお客様との打ち合わせ中…
そのお客様とはシンガーソングライターの栗山龍太《くりやまりょうた》サングラスをかけている彼です
お久しぶり～
この本の主人公です
下で寝ているのがもう一人の主人公アンジーです
ZZZZ
盲導犬です
アイスコーヒーでいい？
はいお願いします
栗山くんは目が見えません
僕は栗山くんと会う時は緊張するのですなぜかというと──
新曲のCDジャケットのイラストを描いてほしくて
目が見えないことを傷つける発言をしてしまうんじゃないかと気を遣うからです

ところが雑談中…
いや～こないだ
動物病院に行った時にアンジーだと思ってなでてたらなんと女医さんの頭で
毛並みが似ててずっと気づかなくて
あはははは それワザとだろ! ウケねらって
セクハラだぞ
思わず大笑い! ただ冷静に考えたら… 見えないゆえの苦労話
あっごめん…
もしかして笑ったら失礼だったよね…
…
不快な思いをさせてしまったと思い恐る恐る栗山くんの顔を見てみたら…
なんかすげぇ嬉しそう!
すべらない話をする芸人の顔!

あのさ こういうときは 笑ったりツッコむの アリなの？
むしろ 笑ってもらえた方が うれしいです
変に気を遣われる方が 辛かったりします
※栗山くんの場合です
ちなみに 目が見えないゆえの 面白話って 結構あるの？
そうですね
まぁ軽く100は 超えますね
※栗山くんの場合です
アンジーなんて ネタの宝庫ですよ！
盲導犬なのに 外に出たがらない です（笑）
盲導犬で出不精って
そっか… 笑ってもいいんだ
この件をきっかけに 僕と栗山くんの距離は ぐっと縮まりました
二人で 漫画にしない？
いいですね！ ネタなら 尽きないですよ

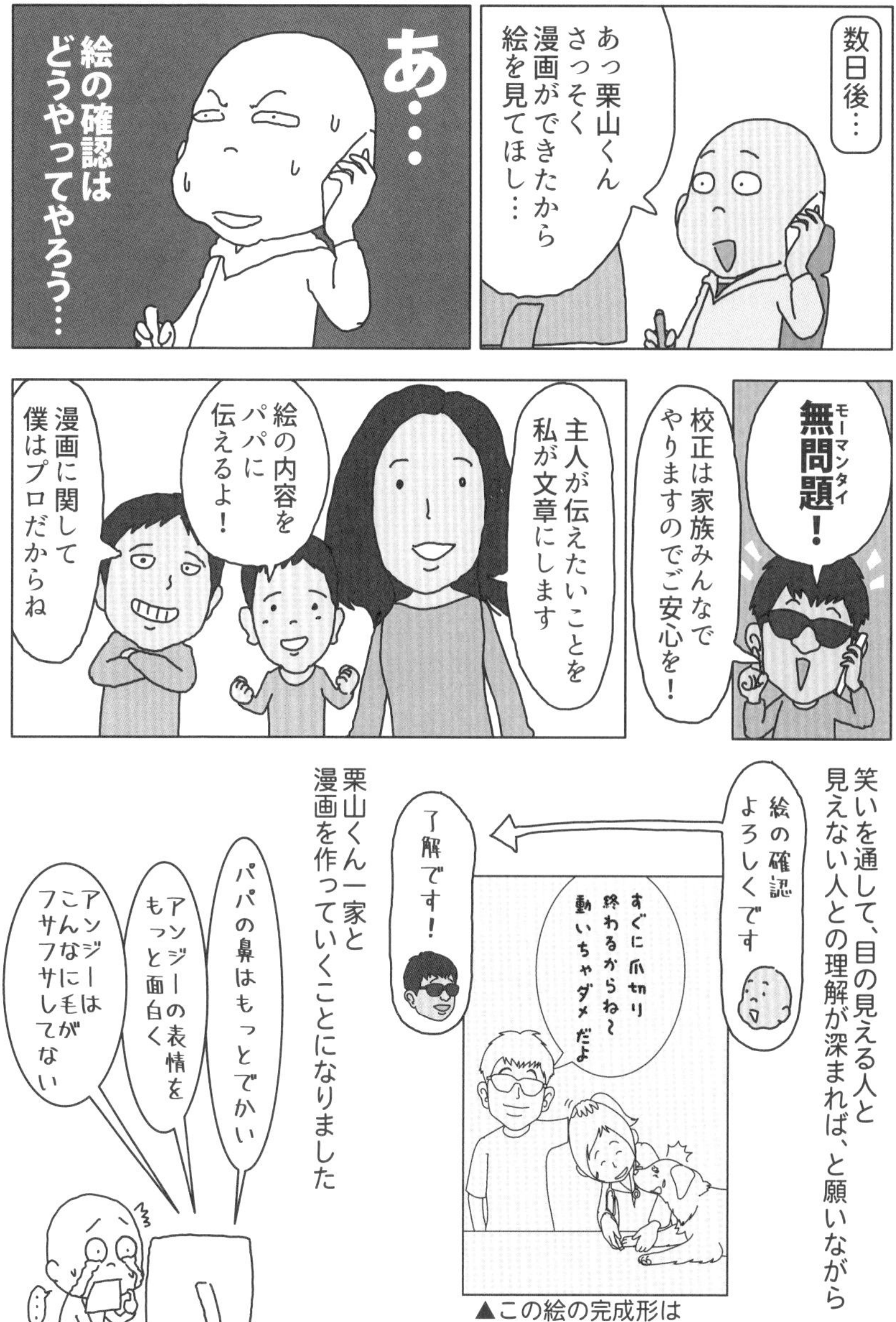

数日後…
あっ栗山くん
さっそく
漫画ができたから
絵を見てほし…
あ…
絵の確認は
どうやってやろう…
無問題《モーマンタイ》！
校正は家族みんなで
やりますのでご安心を！
主人が伝えたいことを
私が文章にします
絵の内容を
パパに
伝えるよ！
漫画に関して
僕はプロだからね
笑いを通して、目の見える人と
見えない人との理解が深まれば、と願いながら
絵の確認
よろしくです
了解です！
すぐに爪切り
終わるからね〜
動いちゃダメだよ
栗山くん一家と
漫画を作っていくことになりました
パパの鼻はもっとでかい
アンジーの表情を
もっと面白く
アンジーは
こんなに毛が
フサフサしてない
…

▲この絵の完成形は
12ページで見られるよ

はじめに

栗山龍太です。
この本を手にしてくださりありがとうございます。
イラストレーターのエイイチさんと、目の見えない人をはじめとして
いろいろな障害のある人たちと健常者との
境界線をなくしたいという思いが一致して、
一緒に本をつくってみようかということになりました。
クスッと笑っていただいたり、盲導犬アンジーを見て、
うちの犬（はたまた自分）と同じだなと共感していただけたりしてなんぼ。
そして、見えないという観点で新しい発見などしていただけたら、
とてもうれしく思います。

僕は小学5年生で完全に視力を失いました。
視覚障害者といっても、いつから見えなくなったのかなど
人それぞれ背景が違い、大人になってから失明した人の
恐怖や不安は計り知れません。
今後いつ見えなくなるかわからない
不安を抱えている人もたくさんいらっしゃいます。
また弱視（視力が弱かったり、視野の一部が欠けて見える人など）と
全盲（まったく見えない人）とでも感じ方や悩みも
人それぞれちがいます。
この本はあくまで、
僕という個人の考え方、障害の受け止め方なので、
読者の皆様に心を広～くして読んでいただけたらと思います。

栗山龍太

龍太とアンジー相関図

1代目の盲導犬

パーム♂
盲導犬のパートナー期間
2000〜2008年
性格：天真爛漫で何事にも
動じない、同志のような存在

2代目の盲導犬

ダイアン♂
盲導犬のパートナー期間
2008〜2015年
性格：繊細で几帳面なエリート犬。
息子たちの兄的存在

3代目の盲導犬 アンジー♀

盲導犬のパートナー期間
2017年〜現在
性格：無邪気で臆病な
インドア派、娘のような存在

いばらき盲導犬協会出身
1頭目からお世話になって
いる訓練士Nさんのもとで
無事に立派な盲導犬になりました。

昔は見えてました

小学５年生の時
視力を失う→P38

仕事

盲学校の教員

大阪の盲学校を卒業後、
筑波技術大学にて
鍼・灸・マッサージの
資格をとる。

２年の浪人生活の後、
筑波大学理療科教員
養成施設に入学、
そして卒業。

横浜で盲学校教員となる

お仕事
盲学校教員

家族

栗山ファミリー

妻…和菓子職人
長男…小６
次男…小４

この本の監修もしています！

実は

シンガーソングライター

【代表曲】
リアルビクトリー

【YouTube】
「栗山龍太」で検索

趣味

多数

釣り
温泉旅行
（食べ歩き含む）
音響機器の研究

もくじ

見えないボクと盲導犬アンジーの
目もあてられない日々

第1章

目もあてられない日々❶

すぐに爪切り
終わるからね～
動いちゃ ダメだよ
なで
なで
なで
…
!

それ私じゃない、獣医師さん！

それはある3月の出来事でした。忘れもしない動物病院での一コマ。アンジーをなでながら爪切りも無事終わり、ほっとしたのもつかの間、スタッフさんから「栗山さんがなでたのはうちの獣医師ですよ」と……。

アンジーは月に1回くらいのペースで動物病院へ通っています。仕事帰りでも行きやすく、とてもフレンドリーなスタッフさんたちのいる病院です。

盲導犬をもつことで一番気にかけることは、やはり犬の日々の体調です。定期的に体重や様子を見ていただくことで、健康が維持できています。

足の爪も切ってもらうのですが、アンジーは爪を切るときに緊張するらしく、そわそわしてしまうので、「大丈夫だよ」と声をかけながらなでるようにしているのです。

手の感覚にはかなりの自信がある僕ですが、人の毛と犬の毛を間違えるとはなんとも不覚！

しかし、この珍事件が、本書を作るきっかけとなったのです。

アンジーは電車に乗ると
チェアー
空いてる席を上手に探してくれます
でもアンジーには人が座れる横幅がわかりません
?
だからたまに
ぎゅう
ぎゅう

ご迷惑をおかけします、ぎゅうぎゅうトレイン

座席を見つけてくれたのはよいが「狭っ！」と叫びたくなる瞬間。

これはたまにある出来事です。アンジーよ、君のお尻と僕のお尻の大きさはぜんぜん違うからね。そんな狭いすき間を見つけてくれたときは、いつもよりお腹をへこませ、背すじをピンッと伸ばしてできるだけ細くなるようにがんばっています。

人にとっては間違いでも、犬にとっては間違いではないこの行動。盲導犬のけなげな忠誠心が、思わぬ「ご迷惑」をかけていることもあるのです。

電車は、乗るときもひと苦労。タイミングがわからず、まだ降りる人がいるのにもかかわらず乗り込んでしまうことがあります。

列の最後尾がわからなく、ひょっとすると、割り込んでいるかもしれません。車内では犬が苦手な人の前に立ってしまっているかもしれないし。でも、このように迷惑をかけてしまっているであろう僕とアンジーの行動を、たくさんの方が温かく見守ってくださいます。席を譲ってもらったり、案内してもらったり。

車内はいつも、皆さんの愛と思いやりであふれています。

行列時あるある

コロナ禍になり、いつにも増して間隔をあけていたので、前の人との距離を上手にキープするのは完全にお手上げでした。アンジーも人と一定の距離を保つのは苦手です。犬も、「並ぶ」ということを理解してくれたら最高なのですが、そうはいきませんよね。

うちの近くのマクドナルド。長蛇の列に並びましたが、店長さんらしき方が、僕と前の人との間隔が開くたびに「では、少し前にどうぞ！」と気持ちのよい声かけをしてくださいました。面倒くさい素振りも見せず、きっと最高のスマイルもくださっていたと思います。

カツカツ
ペタペタ
僕は職場で足音で誰かがわかります
自慢です

音の特徴

僕は盲学校で教員として働いています。職場では、みんな上履きに履き替えて過ごすのですが、よく聞いていると人それぞれ足音に特徴があるのです。

履物を引きずって歩く人、弾むように歩く人、ペタペタと音を立てて歩く人など。毎日聞いていると、「あっ○○さんが近づいてきた」とわかるようになります。

ただこれには一つ大きな問題がありまして…。新しい履物に変わると、足音の主がほぼわからなくなります。

盲導犬はお土産店にも入れます
うれしくて大興奮で…
!
パリーン
益子焼　2800円也

お土産店にも入れますが

旅行先のお土産店。ガラス工芸品があるということで、少しばかり緊張していました。以前の盲導犬が、益子焼《ましこやき》をしっぽで壊してしまったという経験があるので…（その節は大変申し訳ございませんでした！）。

それ以来、壊れやすい商品が並んでいるエリアはできるだけ避けて通るように注意しています。

また、我が家にお客さんが来た時も要注意。

お客さんが大好きなアンジーは、しっぽでビールグラスに乾杯！　そしてバシャッて具合で序盤から大騒ぎです。

盲導犬は高い所の危険な場所も教え…
雨上がり
水の重さでいつもより
垂れ下がっている木
あべし!!
アンジーは
ちょっとだけ
苦手なようです(笑)

これはこれでアンジーの可愛いところです

雨が上がって気分よく出勤するとき、街路樹の葉っぱにはまだ雨水がたっぷりついています。その枝に容赦なく「ばさっ」と突っ込ませてくれるアンジー。冷水でも浴びて目を覚ませということでしょうか。顔だけでなく、服までかなりぬれるんですよ。

このような高所の障害物に気づく訓練もしてきていますが、やはり自分より高い所にある障害物は気づきにくいものです。目が見えている人でも頭をゴツンッ！　なんてこともありますからね。

まぁこれくらいなら、許す！

いくよ〜!
…
出不精の盲導犬アンジー

出不精な盲導犬

「出不精」といったら聞こえは悪いですが、「インドア派」「おうち好き」といったら、少しはイメージもいいでしょうか。

午前中の日向ぼっこはアンジーの大好きな時間なのはわかりますが、散歩に誘ってもピクリとも動いてくれません。僕が誘うときくらいは、しっぽを振って駆け寄って来てほしいなぁ。

出不精
インドア派
zzz

盲導犬アンジーは僕の行きたい所に連れて行ってくれ…

ご主人の命令は絶対？

僕は居酒屋に行きたい、でもアンジーは家に帰りたい！

そりゃそうですよね。アンジーは家に帰ったら、夕食が待っているんですから。

だからなのか、家に帰るルートと違う道に行こうとすると、アンジーは急ぎ足でグイッと力を込めていつもの帰り道へ誘導します。「夕飯が待っていますよ」と言わんばかりに。

こうして僕は、腹ペコな優等生に引っ張られ、家に帰らされるのでした。

今日はどうでしたか？
分身した!?
今日はどうでしたか？

右？左？

お客さんは何で僕が動揺しているのか、何が起こったのか、きっとわからなかったでしょうね。

僕は、シンガーソングライターとして、自分で作詞作曲した歌を様々なイベントで演奏しています。関東地方をメインに、時には東北地方などにギターを背負っていくこともあります。

それは、とある大会場での話。演奏が終わった後にインタビューがあり、「どうもありがとうございましたー」と右側から司会者の声。司会者がいるであろう右側に体を向けていると、なんと、「今日はどうでしたか？」と正反対の左側からマイクを渡されたのです。先ほどの声は、スピーカーからの声だったのです！この時は、司会者に分身の術でも使われたのかと思うほどびっくりしました。

ふだんは声のするほうでだいたいの人の位置はわかります

節電？エコだぁ？フン！まだまだ甘いぜ！
俺にとっては、電気がついていようが消えていようが全く同じ！究極的に地球に優しい男だぜ！
ただのつけ忘れでしょ！
へい

地球に優しい男？

停電の情報が入ると、家族は、ばたばたと騒ぎ出し、いろいろな準備に忙しくなります。目が見える人は暗闇を怖がります。一方僕はいつものことですから、困ることなく堂々としているのです。

ただ普段の生活では、真っ暗な中に人がいるとみんなを驚かせてしまうことにもなるので、消し忘れならぬ、つけ忘れに気をつけねばなりません。

暗闇といえば、ある日こんなこともありました。家族でお化け屋敷に行った時、あまりにも暗すぎて前が見えなかったようで、僕を盾にして残りの3人が後ろに隠れながら進むという、普段ではありえない光景。

こういうとき、僕は役に立つんだなと改めてうれしく思いました。

水たまりを気にしない盲導犬アンジー
目的地まで猪突猛進！
※盲導犬それぞれの性格によります
水たまりを嫌がり避ける子もいます

猪突猛進アンジー！

2代目の盲導犬ダイアンは水たまりが嫌いでしたので、水たまりがあると、上手に避けて通ってくれました。

それに対して、アンジーは足元が濡れてもまったく平気な子なので、僕は長靴を履いてそれに対応しています。でも予報にない雨が降ると、長靴を履いていないので散々な目にあいます。すたすた軽快に歩いていると、予想外の水たまりに「バシャン」。靴もズボンも一瞬にしてびしょ濡れ…。

水たまりをよけるという訓練は、多分やっていないと思うので、よけるかよけないかは犬の性格によるのかもしれません。

歯科医院の待合室
栗山さ～ん
診察室に一人で行く盲導犬アンジー
院内は大爆笑！

歯科医院、気合の入るアンジー

家では「アンジー」「アン」「アンちゃん」「あんこちゃん」などいろいろ好き勝手に呼ばれていますが、全部反応してくれます。

でもまさか「くりやまさん」で反応するとは僕自身もびっくりです。


この日はリードを床に置きっぱなしで油断していたので、アンジー一人で先生の所にまっしぐら。いつもかわいがってくれる院長先生とスタッフの皆さんなので、うれしかったのでしょうね。

ちなみに、その院長先生。ご自身でも小型犬を飼っていて、よく犬の話をしてくれます。本当にアンジーを気に入ってくれているようで、ついにこんなことを言いました。


「アンジーちゃんだけ来てくれてもいいよ。もぉかわいくってさぁ」と。

かわいがってくれるのはうれしいけれど、その前に僕の歯を…。

アンジーちゃんだけ
来てくれていいよ
ズキ
ズキ

アンジー日記
龍太の友人と ご飯に行くと たまに
お店に入れない事が あります
謝る先輩
ごめん 調べとけばよかった
よくある事ですよ
先輩に申し訳ない 気持ちの龍太
私はお店で 粗相なんて しないのに・・・
でも私がいるから お店に入れない んだよね・・・
私がいなければ あのお店で 先輩と 食事ができたのに
向こうの店に 聞いてくるから ちょっと待ってて
でもー
僕は アンジーと 一緒じゃないと 何食べても おいしくないから
龍太の愛で
この冬もポカポカです

盲導犬の入店拒否、東西対決！

あくまでも僕の経験論ですが、関東と関西では、盲導犬の入店の断り方に大きな違いがあります。

まずは関西。「あかんあかん！ 犬は入られへん。兄ちゃん一人を入れて、3人犬嫌いの客が帰ってしもたら、商売あがったりやで。ごめんなぁ。」と。ここまではっきり言われると怒る気にもなりません。説得したところで入店できるわけでもありません。

お次は関東。店員さんどうしで相談した末に、「盲導犬の事は知っているのですが当店はちょっと…。申し訳ありません。」と、理由もわからずやんわり断られます。押しの強くない関東なら、交渉次第では入れるかも！という淡い期待が持てるのです。

まだ盲導犬の認知度が低かった20年前、大阪人の僕が関東に就職を決めた理由はここにもありました。店員の対応がどうこうというより、食にありつけるか、ありつけないかが重要で。入店できる確率の高そうな関東に軍配が上がりました。

東西問わず、入店を拒否する店にもなんらかの言い分があるのはわかります。がしかし、超絶空腹時に拒否されると、理性のバロメーターが振り切れそうになります（笑）。

身体障害者補助犬法（第九条）

（一部略）不特定かつ多数の者が利用する施設を管理する者は、当該施設を身体障害者が利用する場合において身体障害者補助犬を同伴することを拒んではならない。ただし、身体障害者補助犬の同伴により当該施設に著しい損害が発生し、又は当該施設を利用する者が著しい損害を受けるおそれがある場合その他のやむを得ない理由がある場合は、この限りでない。

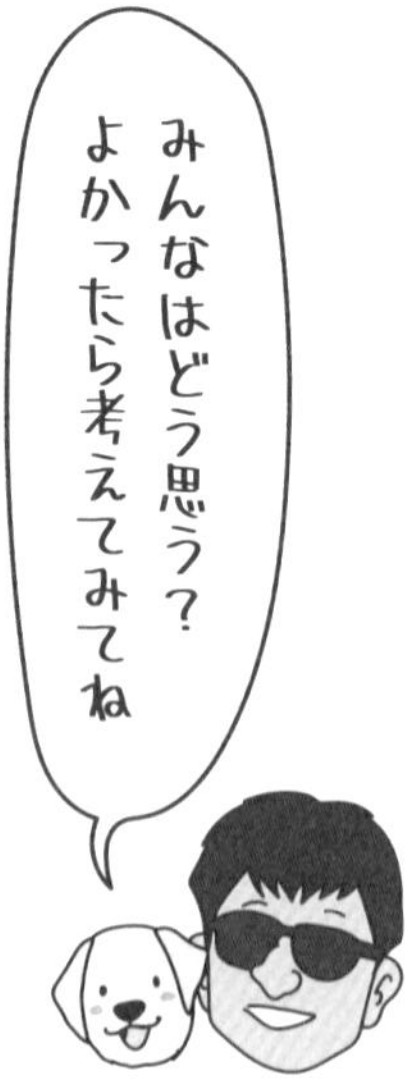

【引用元】e-Gov法令検索
https://elaws.e-gov.go.jp

第2章

障害受容

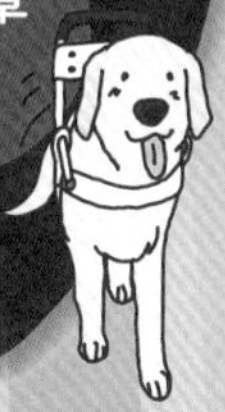

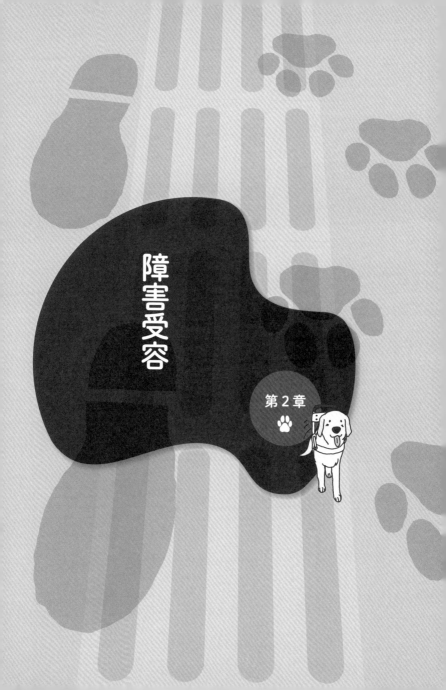

うるせえな！
オギャア！
オギャア！
駅のアナウンスが聞こえないだろ！　黙らせろよ！
ごめんなさい
乗り過ごしたらどうするんだ！
俺は目が見えないんだよ！
…
って事があってさ…
こればかりは目の見えない人が悪いのかな〜って…
まったく同感です
ただ…
menu

その人の「障害受容」も考えたほうがいいかもしれませんね
z z z
失明した事を受け入れるまでの期間
僕は11歳で失明したので今の状況が当たり前です赤ちゃんの泣き声で怒ったりしませんが…
もしエイイチさんが明日事故で失明したらそこまでの余裕をもてますか？
menu
確かに…
俺も余裕がなくておこったかもしれないな…
子連れ専用車両があればいいってわけじゃないしね——
いろいろ難しい問題ですがこうやって話し合えることが大事だと思ってます

降りる駅は
どこですか?

第3章

変わらない色

とても辛い選択だと思います…
緑内障による君の頭痛と吐き気を治すために…
眼球摘出という方法があります…
6回目の緑内障の手術でも好転はせず…
選択を迫られていた
しっかり考えてくださいね
強い頭痛・吐き気が続く日々我慢の限界だった…
昭和60年8月――
先生お願いします！
ズキ
ズキ
ず、頭痛を取り除いてください！
栗山龍太 11歳
僕は全盲として生きることを決断した！

1か月後──
眼球摘出が終わり
頭痛はウソのように治った
そして不思議なことに──
先生! すごいよ!
ありがとう!
見えないはずなのに
見えたのである!
退院して
すぐに自転車にも乗れた!
でも…
♪
フッ…
ガッシャーン!!
道路だと思って走った
場所にドブがあった…
?
カラ
カラ
僕はここで初めて
見えていないことに気づいた…

見えていたのは
記憶が作り出したもの
だったのかもしれない……
…
でもなんでだろう?
目の前が暗い気がしない……
3歳の時に
緑内障と診断された
手術中
手術・入退院を繰り返すが…
視力は
悪化していくばかりだった
6歳
まだ視力が残り
普通の小学校に入学
8歳 活字がかすみはじめ
盲学校に転校――
点字を習いはじめる
国語
9歳 さらに視力悪化。眼圧も上がり
頭痛や吐き気を伴うようになる…
ズキッ
ズキッ

眼球摘出手術まであと数日
父と香川県に行った――
龍太、よく見ておけ！
海の色、山の緑
これからもずっと
変わらないものが自然の色だ
脳裏に焼きつけておくんだぞ！
うん…
…
そっか！
真っ暗なわけないんだ！
僕はいつでも
あの風景を見られるのだから

触ることで材質を見極めて色も当てられます
このテーブルの色を当てましょう
マジか…
はいはい なるほどなるほど
茶色ですね！
いや白だよ…
だと思いました！
だと思いました？

手触りでわかる色

手触りだけで、だいたい色がわかるというのを特技としてきました。
（まさか、違うよと言いにくくて「そうだね…」と気遣ってもらっていたとか…汗。）

駅やバス停にあるプラスチック系のベンチは、白かクリーム色か青のイメージです。もちろん木製であったら茶色を真っ先にイメージします。この感覚は、僕が見えていた頃の昭和の時代のなつかしい風景を思い浮かべているんじゃないかなと思います。

時代は令和。今はどんな色が主流なんでしょうね。

見えてなくても結構興味があるんですよ。

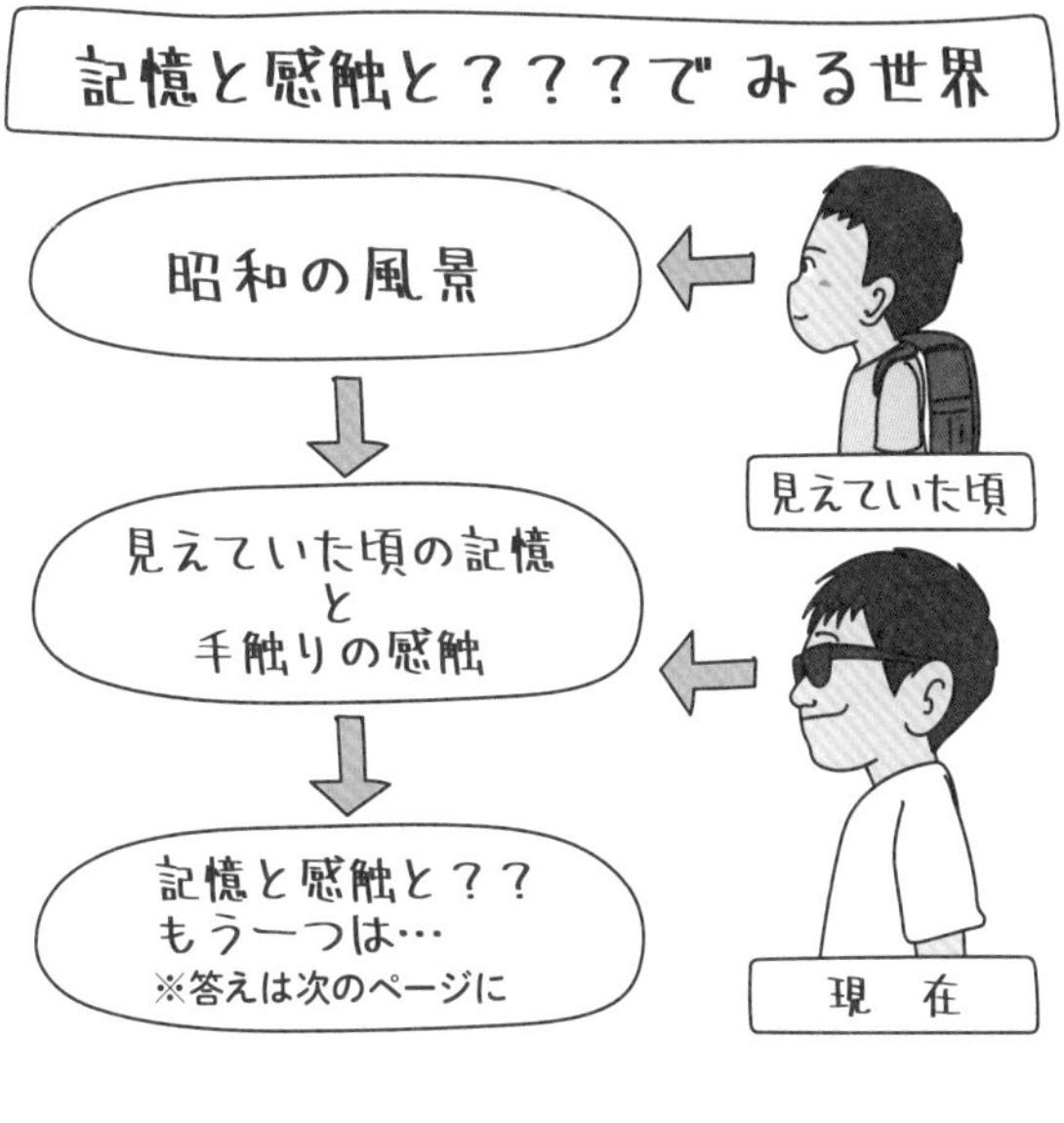

記憶と感触と？？？で みる世界
昭和の風景
見えていた頃
見えていた頃の記憶
と
手触りの感触
記憶と感触と？？
もう一つは…
※答えは次のページに
現　在

空気の流れで
部屋の大きさも
だいたいわかります
壁が目の前に
あったら風圧で
わかりますよ
視力を失ってから
わかるように？
ですね
見えていた頃には
感じなかったです
まさに
空気を読むって
やつです
すごいな…
記憶・感触・空気の流れで
イメージして見えています
だから僕の視界は
真っ暗じゃないんです

第4章

目もあてられない日々②

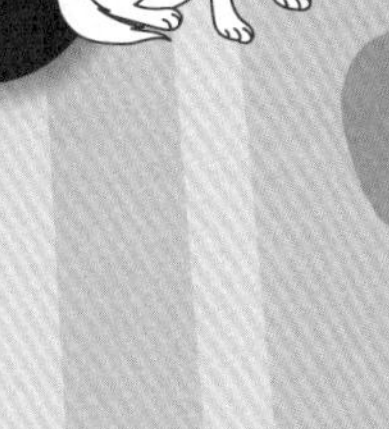

うん…
間取りとか
すぐに覚えられないから!!

トイレの扉だと思ったら…。

いやぁ参りましたね、オートロックの罠にかかるとは。

家族4人で福島県の小名浜《おなはま》に出かけた日の出来事。ビジネスホテルは一人または二人部屋が多いので、今回は2部屋をとり、僕は次男と、妻は長男とに分かれて別々のフロアで一晩を過ごすことになりました。一仕事終えての夜でしたので、次男を寝かせ、妻たちが自分たちの部屋へ戻った後は、僕もすぐに寝てしまいました。

夜中に目が覚め、トイレに行こうと扉を開けたら様子がおかしい…。気がついた時には扉はすでに「バタン!」しまった! 部屋の外だったんか!

夜中の3時頃だったので何回ノックしても、何回名前を呼んでも、次男は大きなベッドの上で深～い深い眠りの中でした。きっと前日に行った小名浜のきれいな海の夢でも見ていたのでしょう。

運よく誰に会うこともなくエレベーターに乗り、なんとかフロントまでたどり着くことができました。スタッフの方には「よくある話です」と慰められましたが、ホンマかいな!

翌朝、妻に話すと大爆笑でした。

職場にて
あの…更衣室はどこでしょうか？
案内しますね
私、女性なんですけど
し、失礼しました!!
男子更衣室
…

低い声だと

思い込みは、とても怖いですね。

職場で外部講師の先生を案内する担当だった僕は、いつものように慣れた様子で世間話をしながら更衣室へ案内しました。

スポーツトレーナーのその方は、元気ではきはきとした低い声で話されていたので、すっかりその人のイメージは男性。「こちら男子更衣室です」と伝えたとたん、「女性です」と一言。

平謝りをした約1年後、今年もその先生に外部講師をお願いしようと、電話をかけました。その声の低さから推理して、先生のお父さんだと思い込み、「娘さんと代わっていただけますか」とお願いすると、「私、本人です」と。

学習能力ゼロ、反省の色もゼロ、あぁ終わった…と思ったのでした。

そもそも目が見えないことだけが原因でなく、僕の思い込みが激しすぎる性格にも問題がありそうです。

まわりのペースも見えません
…

飲みすぎ注意！

仕事終わりのアルコールは体にしみわたり、一日の疲れを洗い流してくれます。

友人と居酒屋に行くと、酒の肴がおいしいのと、話が盛り上がるのとで、飲みすぎバロメーターが振り切れます。

「まだこんなに残っているのか」と勘違いして、飲み続けてしまいます。結果ベロンベロンで気分はハイテンション。

後になって、まわりの人たちはそんなに飲んでいなかったと妻から怒られる始末。

見えないことを言い訳に長々と書きましたが、酒は飲んでも飲まれるな！

というのも、僕は目が見えないので、まわりの人たちがどれだけ飲んでいるのかがわかりにくいのです。もし僕が見えていたとして、人が飲むペースを目にしていれば、まわりに合わせてそろそろやめておこうとなるかもしれません。

そして、これまた大きな原因の一つ、日本酒やビールを誰かに知らずにつぎ足されたら、

どんなステージでも
並んで歌うのが
プロなのよ

アンジーのプロ根性

友人から誘われ、静岡県の興津《おきつ》の山で夏ミカン狩りとミニライブをしました。

午前中は木に登ったりして、夏ミカン狩りをたっぷり楽しみました。そして午後はお昼を食べながらアットホームなミニライブ。青空の下、皆さんが作ってくれたミカン箱のステージで歌いました。

僕が歌う時、いつもアンジーはステージに一緒に上がるのですが、今回ばかりはあまり広くないからということで、観客席で待機。

ところが、演奏が始まると、アンジーがむくっと起き上がりステージに上がってきたのです。

そして僕の横にすっと寄り添い…。

「私がいないと成立しないでしょ」とでも言いたかったのでしょうか。

みんな大笑い、アンジーのプロ根性は見習う価値ありです。

1. 多分ジェスチャーで教えてくれている
2. ジェスチャーが見えない事を伝えたい
3. でもジェスチャーしてないかもしれない
4. 一生懸命教えてくれているのを遮りたくない
5. でも絶対にジェスチャーしているよな…
6. 1に戻る

「具体的に言ってもらえない」問題。

道を教えてもらう時、優しい人が一生懸命説明してくれる「あっち」や「そっち」、「それ」や「そこ」。気持ちはわかるけれど、残念ながらわからないです。

でも、僕に道を聞かれた心優しい大抵の人は「近くまで送りましょうか」と最終的には一緒に歩いてくれます。

ただでさえ道を説明するのは難しいのに、目が見えない人に道を教えるのは、かなりの難題だと思います。ぜひ、あなたも試しにやってみてください。

ジェスチャー

そんなことを言っている僕も、駅から自宅までの道のりを友人に説明するのがとても苦手なんですけどね。

実は、こうして一緒に歩いてくださり、そこからご縁をいただいた方もたくさんいます。どこでどんな出会いがあるかわからないものですね。

eigo de hanashitemasu
さ、さんきゅ〜

はい！切符2枚ね
ありがとうございます！
盲導犬は電車賃がかからないとは言えませんでした

電車賃

駅は本当にいろいろなことが起きる場所です。そんな駅で、思わずこれは新しい！と言いそうになった出来事がありました。

江《え》の島《しま》へ行くために駅の券売機に来たところ、心優しいおじいさんが「切符を買ってあげましょうか」と声をかけてくださり、お金を渡して片瀬《かたせ》江ノ島までの切符をお願いしました。そしたら、「はいっ、あなたの分と犬の分ね」と2枚買ってきてくださいました。

そう来たか！と笑いそうになるところをぐっとこらえて、おじいさんの優しさをしかと受け止め、おじいさんが去った後、窓口で返金手続きをしました。駅員さんも事情を聞いて笑っていらっしゃいました。

思いやりゆえの出来事にほっこりした気分になりました。こういうのは嫌いではありません。

ハンバーグは
当店では
チーズインハンバーグ
からあげハンバーグセット
和風ハンバーグ
塩だれレモンハンバーグ
おろしハンバーグが
ございます。
あと
ソースは…

全くおぼえられん!

結局おすすめをお願いします

一人、または目の見えない人同士でレストランに行ったときや、コンビニエンスストアのビールや総菜の品ぞろえを知りたいときなどは、店員さんにメニューや商品を読んでもらうことがあります。

親切な店員さんだと、メニューを片っ端から読み上げてくれるので、最初なんて言っていたかなぁ、結構種類があるもんやなぁなんて思いながら聞いているうちに、いつの間にか集中力が欠落。

「ではお客様何にいたしましょうか」と言われ、メニューにないものをたのんでしまい赤っ恥をかいたことがあります。

「せっかく丁寧に読んであげたのに聞いてなかったんだー」と思われているんじゃないかと思うと、本当にすみませーん！と反省する僕なのです。

〝本日のおすすめ〟や〝店長のおすすめ〟。これは悩んだときに使える最強メニューですよ。

では…塩だれおろしハンバーグのセットで
すみません…当店のメニューにはございません

点字のない自動販売機はロシアンルーレット状態

ブラックコーヒーを飲みたいんじゃ！

最近では、出勤する時は節約のために〝マイボトル〟でコーヒーを持ち歩いているのですが、外出先で一服したいときの自動販売機、これはある種の「ロシアンルーレット」です。

えいっ！と願いを込めてボタンを押して温かいおしるこが出てしまっても、飲むまでわからない僕。コーヒーを願いながら飲んだ瞬間、甘いやら、和風テイストやらで心がざわつきます。

コーヒーのボタンは下のほうにある確率が高いと勝手に思っているのですが、どうでしょうか、合っていますか？

僕の職場は盲学校ということもあり、自動販売機に点字があり、とてもわかりやすいです。ただ、点字が読めるのは、視覚障害者の中でも10人に一人程度です。点字があっても使える人しかわからないという現実もあります。最近はアプリを使い、カメラで文字を読み取って商品を音声で聞くこともできるようですよ。

ちなみに、気分によってはおしるこも飲みます。朝にいただくおしるこは結構好きです。

コラム

アルコールの入った缶や瓶には、点字がついているものが多くあります。ビールなら「びーる」、チューハイなどは「おさけ」と表示されています。

その他の商品でもたまに見つけます。ぜひ探してみてくださいね。

病院の受付――
じゃあ、これだ!
それマイナンバーカードです…
診察券は　とても分かりにくいです
○×クリニック
受付

診察券やポイントカード、身分証明書などの区別は、同伴者がいれば見てもらえるという気の緩みから、管理が怠慢になってしまいます。

どう考えても一人で行くことのほうが多いのに。

こんな場合は、「これかな？ それともこれかな？」と3枚ほど試してみます。

しかしこれ以上やるとしつこいだろう、タイムオーバーということで、カード類全部広げて見てもらうこともあります。

個人情報ダダ漏れ！

これだぁああ

ヨドバシさんしかお持ちでないようですね…
ほかの家電量販店の店員さん→

盲導犬うちの子とは全然違うのよ
かしこいのよ
ずっと静かね
おりこうさんだわね～
顔つきが違うのよね
えらいわね～
なぜか照れる僕と
まったくお構いなしの
アンジー

盲導犬ってだけで思われること

電車に乗ると、遠くから次のような声をよく耳にします。

「盲導犬って偉いわねー」「しっかりしてるわー」「うちの子と比べると…」などなど。

テレビなどでご覧になったのでしょうか、パピーウォーカーや盲導犬関連の話で盛り上がりはじめます。

なんででしょうか、アンジーではなく、自分が話の中心にいるような気分になって照れてしまいます（笑）。

話に花が咲いて、「盲導犬は悪い人が来たら守ってくれるらしいわよ」などと少し間違った話が聞こえてきても、「いやいや番犬とちゃうから！」とツッコんであげることもできず、モヤモヤすることもたまにあります。

でも20年前を思うと、確実に盲導犬の認知度が上がったと、その会話を聞くたびにうれしく思うのです。

コラム

パピーウォーカーとは、盲導犬候補の子犬（パピー）を、産まれてから約1年間ボランティアで預かり、愛情込めて育ててくれる家族のことです。一般家庭で育てられることで、家庭でのルールを学び、人に対して恐怖心がなく、安心して接することができるようになります。盲導犬候補の犬にとって、とても大切な時間といえます。

スカイツリー、「天望デッキ」のガラス床
見えない僕はここでも無敵です！

知らなきゃ平気？

みなさんは東京スカイツリーへ行ったことがありますか?僕はスカイツリーが完成した数年後に行きました。

634m。日本一高い建物からの景色はふだん味わうことのない別世界に違いないでしょう。

僕は、エレベーターが展望台まで上がる時間が長かったので、結構高い所まで上がったんだなぁと感じます。

「天望デッキ」にはガラス張りになっている床があり、そこに来ているお客さんはキャーキャーとにぎやかでした。

僕は知らずにその上に立っていたのですが、アンジーは高い所に穴があいているんじゃないかと立ちすくんでしまい、僕に早く進めと促されることに。僕は後からそこがガラス張りの床だったと聞いて、時間差で足がすくみました。

知らなきゃ平気ってものは世の中にたくさんあると思いますが、アンジーにとってはふだん味わうことがない、ちょっと怖い経験でしたね。

す、すごいでしょ！
落馬したら
大けがじゃすまないけどね
ははは
ははは
…
乗っているのはポニーだと
言いづらい妻とアンジーであった

想像と現実の高低差

家族と行った、ふれあい動物園での出来事。ウサギ、ヤギ、ヒツジなどを触った後、乗馬体験ができるということで、僕もせっかくなので乗ってみることにしました。

2段ほどある踏み台を上り、馬の背中に乗りました。歩くと結構揺れるので、恐怖のあまり僕がインストラクターの方に、「落ちても骨折しませんか」「いきなり走り出したりしませんか」と、競馬で走るサラブレッドに乗っているかのような質問をすると、「この子はポニーですよ。すぐ足が地面に着きますからね」と言われてしまいました。

なぬ?!

確かに下りるときは、踏み台なしで余裕で地面に足が着きました。踏み台は子ども用だったようです。

よく考えると、ふれあい動物園にサラブレッドはあまりいないかもしれませんね。

お気に入りのレインコート

リンゴから離れようとしないアンジー

思い出の写真コーナー

旅行先での1枚。花火を怖がるかと思いきや…ずっと眺めていました！

まるで「あしたのジョー」みたい

第5章

盲導犬ダイアン

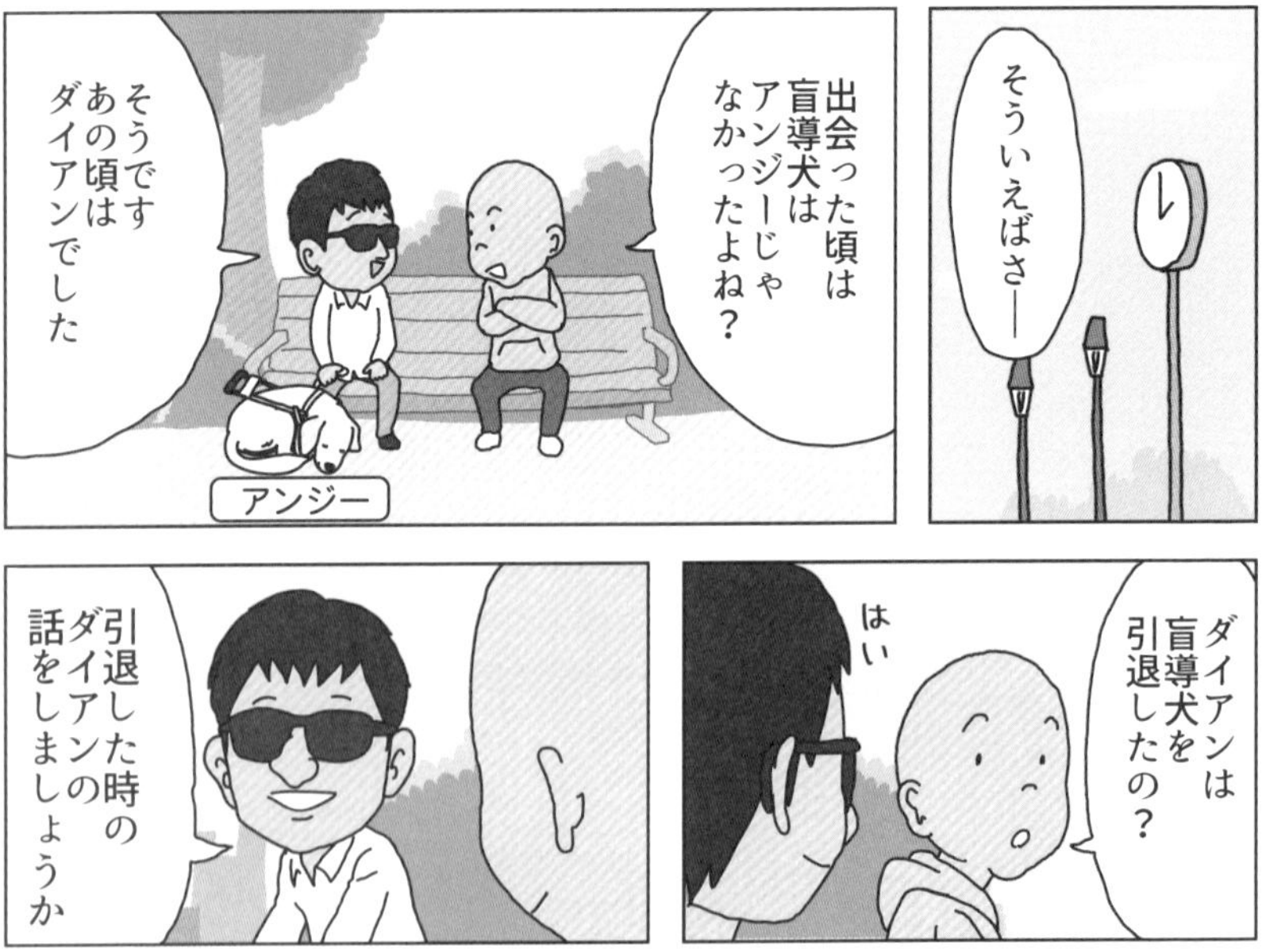
そういえばさー
出会った頃は盲導犬はアンジーじゃなかったよね？
そうですあの頃はダイアンでした
アンジー
ダイアンは盲導犬を引退したの？
はい
引退したダイアンの話をしましょうか

盲導犬ダイアン

２０１４年、群馬県の牧場に旅行に行った時の事です
突然、僕達に話しかける人がいました
ダイアン
あの…
もしかして…ダイアン？

奇跡が起こった瞬間でした！
彼女はYさん。ダイアンのパピーウォーカー（→P65）をされていた方でした
ペットが入れない牧場に
ハーネスがついた大型犬
そして子どもたちの「ダイアン！」のかけ声
もしかして…と思ったそうです
約7年振りの再会
大きくなったね〜
でも、ダイアンは平常心
これは何事にも動じない盲導犬としての立ち振る舞い
ダイアン9歳
大ベテランの盲導犬です
盲導犬協会ではパピーウォーカーとユーザーとのトラブルを避けるため、それぞれの所在地や連絡先は教えないことがあります。
群馬県
千葉県
神奈川県
この再会はまさに奇跡だったと思います
最後Yさんと連絡先を交換してお別れをしました

ダイアンも9歳——
一緒に過ごせるのもあと1年ぐらい※と僕は考えていました
別れを考えるとたくさんの思い出に胸が押しつぶされます…
※盲導犬の活躍できる年齢は一般的に10〜11歳まで
でも僕と一緒だと、これからもYさんに飛びつきたいのを我慢しなければいけない
社会的にも僕個人のためにも誠心誠意働いてくれたダイアンには有意義な老後を送ってほしい…
このタイミングでYさんとの再会
僕はこの奇跡を無視できないと思ったのです
ダイアンが10歳になって引退した後の話なのですが…
Yさんご家族は喜んで引き取りを受け入れてくれました
10歳になるまでの1年、ダイアンとの日々を大事に過ごしました
4月
5月
6月
2月
3月
そしてその日はやってきました

千葉県　Yさんのご自宅へ

おかえり〜
ダイアンはYさんの家のトイレの場所、食事の場所もちゃんと覚えていました
ここはダイアンにとっての実家なのです

ダイアンは吠えることなく、追いかけることもせず
「どうして僕だけ置いて帰るの」といった目で
ただこちらを見ていたと妻は語っていました

もしかして、盲導犬として最後まで
僕に迷惑をかけないようにしてくれていたのかもしれません

ダイアンのいない日々が
始まりました

寝息や食事の音が
聞こえない事に悲しんだり

ついつい
ダイアンが隣にいるように
声をかけてしまったり

しばらくは
そんな日々が続き

そして8か月たった時――

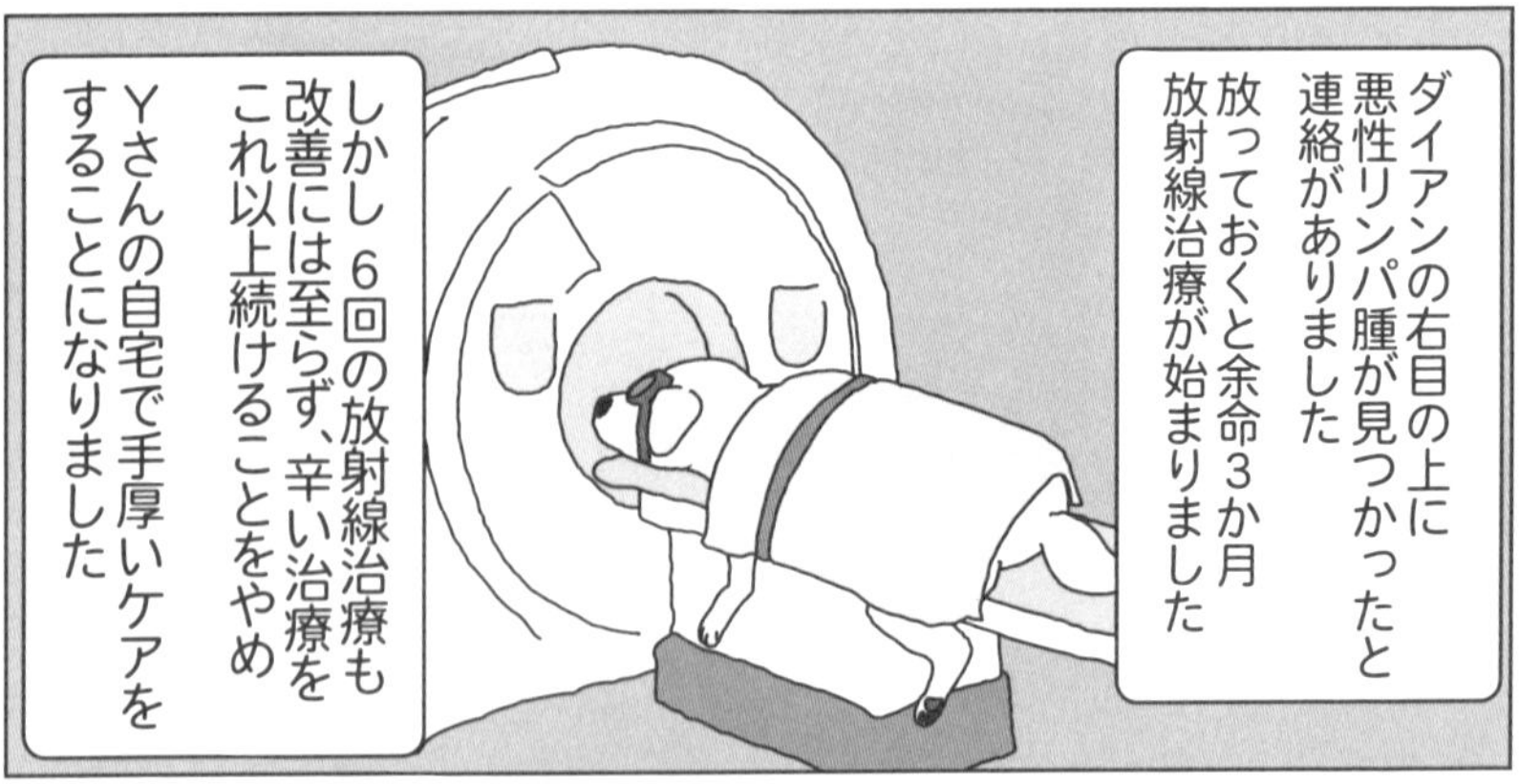
ダイアンの右目の上に悪性リンパ腫が見つかったと連絡がありました
放っておくと余命3か月
放射線治療が始まりました
しかし 6回の放射線治療も改善には至らず、辛い治療をこれ以上続けることをやめ
Yさんの自宅で手厚いケアをすることになりました

ダイアンが 盲導犬としての
仕事を終えて 余生を楽しみ始めた
矢先にこんなことが起きたことと
Yさんご家族の気持ちを考えると
いたたまれない思いでした

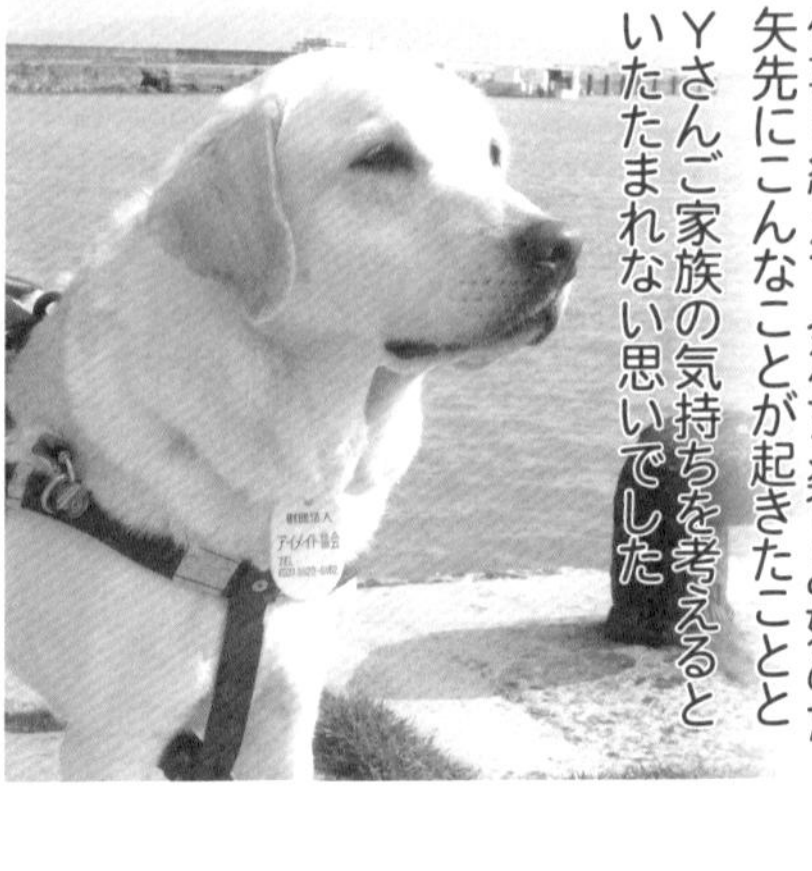
アイメイト協会

それから何日かたった後
Yさんから
「もって数日」という連絡があり

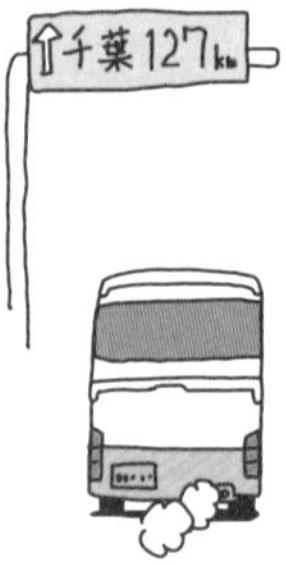
千葉127km

僕は覚悟を決めて
Yさん宅へ高速バスで向かいました

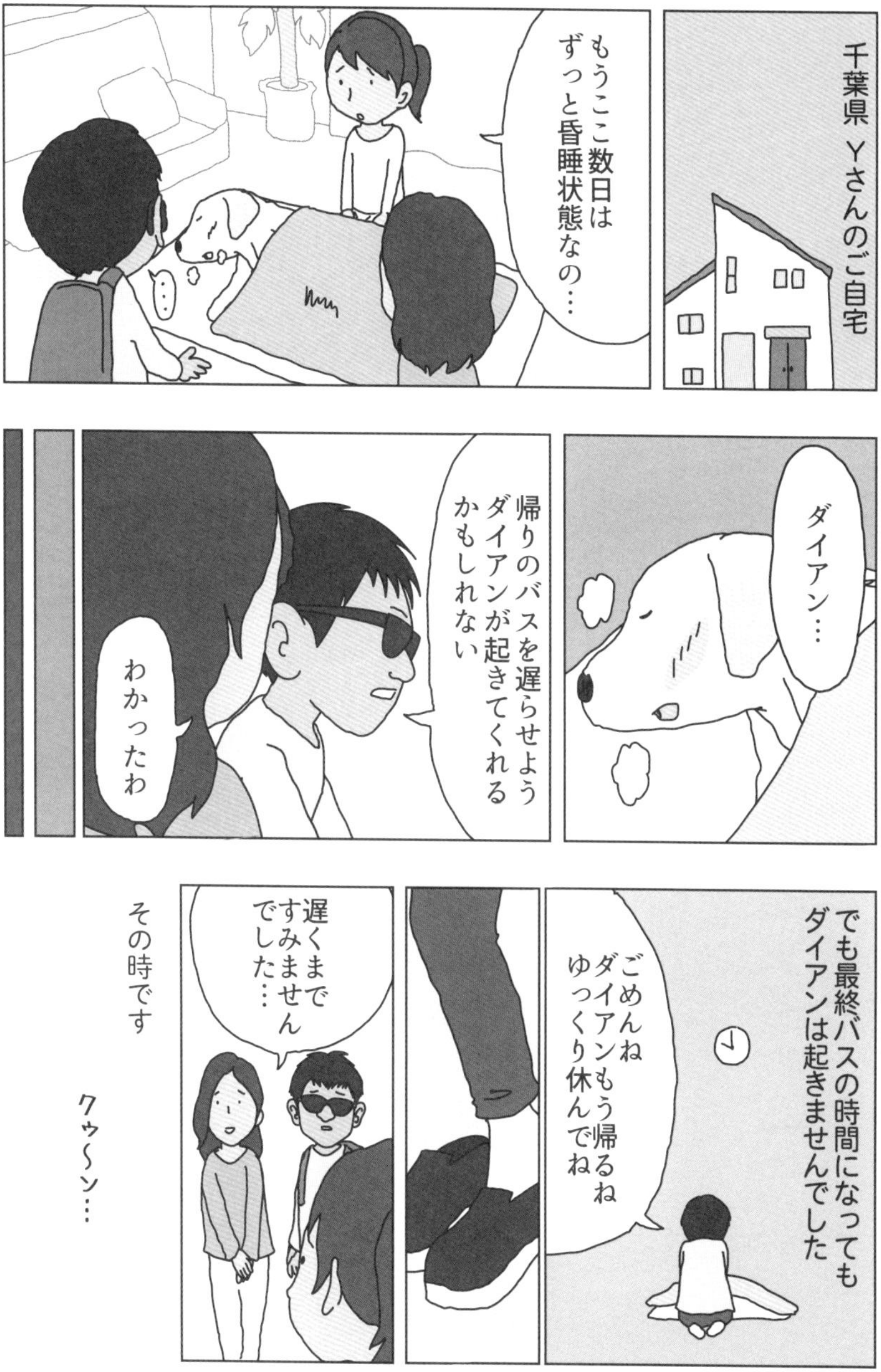
千葉県 Yさんのご自宅
もうここ数日は ずっと昏睡状態なの…
…
ダイアン…
帰りのバスを遅らせよう ダイアンが起きてくれるかもしれない
わかったわ
でも最終バスの時間になっても ダイアンは起きませんでした
ごめんね ダイアン もう帰るね ゆっくり休んでね
遅くまで すみません でした…
その時です
クゥ〜ン…

ダイアンは最後の力を振りしぼって
ふらふらと歩いて近づいてきたのです

享年11歳
ダイアンは僕の膝の上で、
みんなに見守られ息を引き取りました

独身時代から共に大変な時を乗り越え
見守ってくれたダイアン

日の当たるところでも、その裏側でも
常に一緒にいてくれたダイアン

ダイアンは
最期の瞬間まで
僕たちと時間を
共有したいと
思ってくれていたのです

ありがとう
たくさんたくさん助けてくれてありがとう

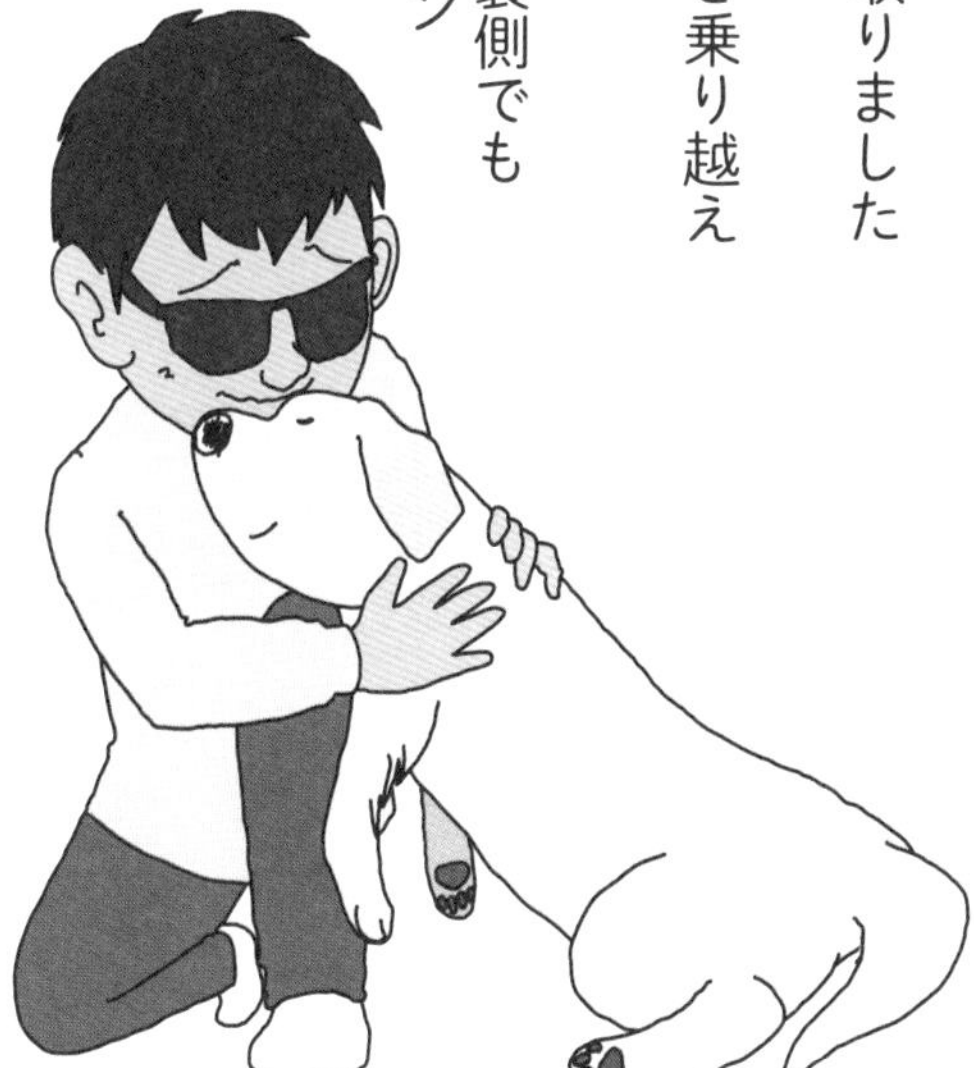

ダイアンからはたくさんの幸せをもらいましたよ
泣くの耐える昭和男
ダイアンが亡くなって1年たった頃にYさんが面白いことを言ってました
ダイアンが好きだった紙飛行機があってね
タンスの上にのってとれなくなっていたのにダイアンの命日にふわっと落ちてきたのよ
きっとダイアンがいたずらしてるのね
スー
崩壊！
…

コーヒー買ってくるブラックでいい？
ありがとうございます
ワン!!

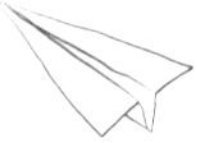

アンジーが吠えるのめずらしいね
空に何か見えたかい？

このお話は、栗山くんからダイアンストーリーの原稿をいただき、それをもとに漫画にしました。
カットしたエピソードや登場人物を一部簡略している箇所があります。
ここではカットしたエピソードを一部紹介をさせて頂きます。

1

異母兄弟のファービー

引き取られるまでの1年、Yさん宅に慣らすため、栗山くんとダイアンは何度も訪問しました。

Yさんの家にはダイアンの異母兄弟もいて、とても相性も良くここなら老後を穏やかに過ごせると確信したそうです。

2

栗山くんはダイアンが引き取られた後、罪悪感、割り切れない思いからもう盲導犬は持たないと決めていました。
しかし白杖で歩く中、歩行中の老人と接触をしてしまい、転倒させてしまいます。単独での白杖歩行に自信を失っていた時に盲導犬協会からアンジーとの共同訓練の話が来ます。
(→P111第8章 盲導犬アンジー)

3

ダイアンの入院中、栗山くん家族は時間を作って何度も病院にお見舞いに行っています。ダイアンは治療後、疲れているにもかかわらず栗山くん家族を見ると喜んでしっぽを振ってくれたそうです。

4

漫画の中ではYさん1人をメインに描いていますが、実際はYさんのご家族全員でダイアンのお世話をしてくれています。
短編漫画のため、
Yさん家族全員を1人にまとめたキャラクターにしました。

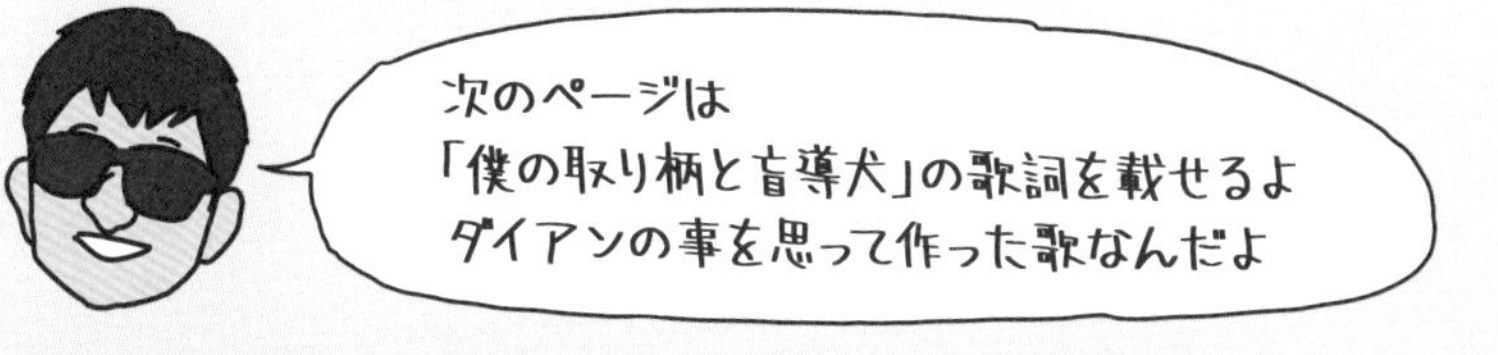

次のページは
「僕の取り柄と盲導犬」の歌詞を載せるよ
ダイアンの事を思って作った歌なんだよ

僕の取り柄と盲導犬

作詞：栗山龍太とダイアン

もしも僕の目が見えてしまっていたなら
盲導犬の君に　出会えていなかったかもしれない

それは、小学校五年生のこと　突然訪れた暗闇の世界
その日からずっと、僕の取り柄は
「目が見えないこと」になりました

障がい者と呼ばれ　色んな人に
迷惑もかけ　助けられた
意外と、一人でサングラスをしていると、
普通の人と間違えられます

※もしも僕の目が見えてしまっていたなら
盲導犬の君に　出会えていなかったかもしれない

盲導犬は簡単に一緒にはなれません
信頼と教育が必要とされます
一カ月、僕は君と訓練を受けて
ついにパートナーとなりました

君は随分と、世の中の人に
万能でおりこうな犬と呼ばれていて
かなり期待して、少し不安で、
僕らの生活が始まった

※くりかえし

ハーネスを握れば　君は仕事中
どんなときもキリっとして　僕を導く
何よりも　君がきっかけになって
たくさんの友達ができた

横断歩道も階段もバスも　地下鉄も人ごみの中でも
すべて君が僕より先に歩いてくれる
僕は安心を知ったんだ

※くりかえし

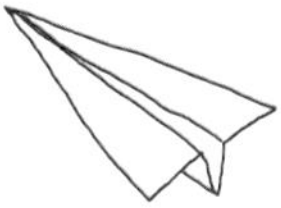

ハーネスを外したら　君は喜ぶ
尻尾をふって　僕の顔を舐める
でもね　耳掃除とかブラッシングとか
色々と手間がかかる

時々君はトイレを我慢し過ぎて　公共の場で粗相もしてしまう
お腹も壊すし　神経質だし　君だって完璧じゃないよね？

※くりかえし

でもね　君と僕が出会ったときから
社会で決められているルールがあるよ

それは　君が年老いてしまって
盲導犬として働けなくなったら
サヨナラをしないといけないんだよ
君と僕は、一緒には暮らせないんだよ

こんなにも　大好きなのに・・・
こんなにも　必要なのに・・・
こんなにも　ふたつで、ひとつなのに・・・

サヨナラが待っているんだよ

もしも僕の目が見えてしまっていたなら
盲導犬の君に　出会えていなかったかもしれない

僕には君が必要　君にも僕が必要
ふたつで、ひとつなんだ　サヨナラの、その日まで

今日もハーネスを握りしめて、
外はいい天気　街へ出かけよう
あの日から、盲導犬の君がいることが　僕の取り柄になりました

僕の取り柄と盲導犬　検索
この曲はYouTubeで無料でお聴き頂けます

そよ風が大好きだったね

まるで車掌さんみたいなダイアン

思い出の写真コーナー

ダイアン編

ダイアンと撮ったCDジャケット用の写真
二人で緊張したよね

長男の、おもちゃのギターコンサート。
ダイアンには子守唄だったのかな？

第6章

目に入れても痛くない家族

3人で夜の散歩ね
たまには いいもんだね
？
？
よく仕事帰りに行く居酒屋も
最近
帰りが遅いのは
こういう訳ね
おっりょうちゃん
まいど!!
酒
？
…
酒
アンジーは ちゃんと覚えています…

アンジーの（余計な）気遣い

穏やかな夜の散歩中の出来事…居酒屋に通っていたことがバレバレやないかい！

犬の嗅覚っていうやつでしょうか。アンジーもまたそれにもれずに1回行った店は結構な確率で覚えているのです。そして自慢げに僕に教えてくれます。

以前の2頭の盲導犬も学習能力は優れていました。

1頭目のやんちゃ系パームは、一度だけ行った和菓子屋さんに不意に入ってしまい、気まずい思いをしたことがあります。すみません…と一言だけ言い残し、そそくさとその場を立ち去りました。

2頭目のエリート系ダイアンには、ある夜、職場に忘れ物をとりに行った時、以前行ったカラオケ店に連れて行かれました。賢い彼は時間帯でそう判断したようです。

優しい気遣いゆえの行動なのですが、犬たちによって、どうやら隠し事はできそうにありません。余計なことしやがって！なんて言いません。妻に嫌味を言われてもアンジーのせいだなんて絶対言いません。

息子が文字を読めるようになり
パパ ニンジンは こっちだよ
買い物も楽になりました
うん ニンジンは 凍らしては 売らないよね
アイス
へへへへ
悪知恵も働くように なりました(笑)

冷えすぎているニンジン

確かニンジンは野菜売り場だから入り口付近にあるだろう。僕はだまされないぞ！

数年前まではまだ僕がおんぶして出かけていた次男ですが、今では小学生になり、買い物やレストランへの誘導、歩行の手引きなどいろいろな場面で僕を助けてくれるようになりました。

大きくて広いスーパーはコンビニと違い、欲しいものを探すのが難しいので、一人ではあまり行きません。そんなこともあり、僕は息子たちにお菓子を買ってあげるからと物で釣り、自宅近くのスーパーに連れて行ってもらいます。妻には無駄なものは買わなくていいと怒られますが、いろいろ買ってしまいます。

この日はお菓子は買わないよと言って出かけたのですが、ただでは帰らない次男。考えた末に思いついたアイデアは、アイスをニンジンだと思い込ませる作戦だったのでしょう。そしてついつい買ってあげてしまう僕。もちろんニンジンも忘れずに買いましたよ。

結局両方
買ってしまいます…

息子たちが
作ってくれた
仕掛けで
釣りをする
こんな日が
訪れるとは
夢にも
思わなかった

釣り

まったく無計画な僕は、長男に釣りの経験をさせてあげたいと思い、安い釣り具セットを購入し、家族で横浜にある大黒《だいこく》ふ頭《とう》の海釣り施設へ行きました。誰も釣り竿のセッティング方法を知らないのに！

妻は僕が知っているものだとばかり思っていたようです。

結局、妻がスタッフからやり方を教えてもらい、約3時間かけて、それはそれは小さなアジを1匹釣ることができました。それでも子どもたちは喜んでくれ、それ以降、長男と二人で釣りに行くことが増えました。

そんなことを繰り返していたら、長男はわからないことは人に聞いたり、どうしたらおじさんのように釣れるのかなど、ものおじせずに聞くことができるようになっていたのです（さらにおじさんの釣った魚までもらって帰ることもよくありました）。

そして、小学生になった今では、釣り場のおじさんたちに教えてもらったことを僕に教えてくれます。

親ばかかもしれませんが、僕ができないことで子どもの自立心が芽生えていることに心をゆさぶられてしまいました。きっと僕は〝釣りが好き〟というより、〝息子と行く釣りが好き〟なんでしょうね。

3時間かけて
釣った
それはそれは
小さなアジ

我が家は相撲をとると
はっけよ〜い
・・・・
すぐに
バトルロイヤルになります

バトルロイヤル

子どもたちにせがまれて相撲をとることになると、アンジーまで参加してきます。

なぜわざわざこんな騒がしい所に入ってくるのでしょう。アンジーの子ども心に火をつけるのでしょうか、はたまた目が見えない僕を守ろうと思っているのでしょうか。いえいえそんなことはないでしょう。僕の股の間に入ってきてしっぽをふりふりしているのですから。結局相撲なのかなんなのかわからなくなります。

そんな状況もなんのその。子どもたちは容赦なく僕を倒しにかかってくるので、まるでバトルロイヤル状態。ひっくりかえってアンジーをつぶさないようにと、とりあえず耐えることに徹します。

止まらない息子たちの攻撃に

最終的に戦線離脱するアンジー(笑)

命令語は
僕の指示にしか従いません

僕の指示と妻の指示

盲導犬に対する命令語は26種類程ありますが、さすがアンジー、「カム（おいで）」「スィット（座って）」以外は僕の指示にしか従いません。いくら妻がアンジーを手なずけようとしても、そこは難しいようです。妻は目が見えていると知っていて、「なぜ私がやらなければいけないの？」という思いもあるのかもしれません。

犬は家族に序列を作るといわれていますので、家の中では、僕が一番の権力者であると思っているのでしょうか。少しうれしくなります。

ただ、人間社会はそんな甘くはありません。実際の僕は家の中では2番、もしくはそれ以下という場面も多々あるところが悲しい現実です。

プライベートモードでは
基本、僕より妻
ドカッ!!

子どもが男の子で
よかったと思ったこと

「温泉に行きやすくなった」

我が家はみんな温泉好き、銭湯好き

ある温浴施設で風呂に入ろうとしたら、「本当は介助が必要な人は入場禁止ですからね」と言われたことがありました。

そんなこともあり、室内露天風呂や家族風呂のある宿を予約することも多々あります（一人で風呂に入れないわけではありません）。

そして、幸運なことに生まれたのは二人とも男の子。4歳頃からトイレや露天風呂に一緒に行ってもらえるようになりました。

最近では息子の友達も連れて近くの銭湯に行きますが、その子たちは丁寧かつ慎重に手引きや案内をしてくれます。

ある日、「こっちにもお風呂があるよ」と息子たちに連れて行かれた所は水風呂。ダマされて「ひゃー」と驚いている僕を見て大笑い、そこまでしていいのかと心配そうな友達。水風呂はさておき心配はご無用、僕は障害者といっても、ただのおっさん。その子たちも慣れればすぐに接し方がわかるようになるのです。

手引きをされていると
仲がよさそうに見えるけど…
ただいまケンカ中です!!

オシドリ夫婦

よく知人から「仲のいい夫婦ですね」といわれますが、小さい喧嘩は日常茶飯事。こだわりの強い僕は些細な事が気になり、それが原因でよく喧嘩が勃発します。

二人で出かける予定があるからといって計画的に喧嘩はやめようなどと器用なことができるわけではなく、ただただ感情にまかせて争ってしまいます。

しかしいざ出発となると、形勢は逆転。さっきまでは僕が優勢だったのに、手引きしてもらう状況になるといきなり妻が強気に出ます。結局最後はこうなることくらい計算しておけばよかったなと思うのです。一見仲がいいように見えても、実はそうでもないこともあるんですよ。あなたは見破れるでしょうか？

まあ、一緒に歩いているとお互い怒りも静まり、いつの間にか収束していることが多いですけどね。

夫婦喧嘩は犬も食わぬと言いますが、アンジーはどう思っているでしょうか。

喧嘩をしても手を借りなければならないのが、目の見えない者の宿命なのかもしれません。

もっと練習しろってことなのか！
次男

次男のアンジー日記1

1月3日 晴れ

僕が書き初めをしていたらアンジーが半紙にのってきて、足跡で真っ黒にするし、紙を破るし、もう最悪。確かにもっと練習したほうがいいんだけれど、アンジーそんなことしなくてもいいでしょ！

次男のアンジー日記2

4月2日 くもり

お小遣いをいっぱい貯めて1000ピースのジグソーパズルを買いました。5時間かけて結構たくさん作れたよ。

アンジーが僕の隣に来た時に、お父さんが「アンジー」と呼んだので、振り返ったひょうしにしっぽで半分くらい壊されました。僕はどっちに怒ったらいいの？ まったく！

宿題やらずにゲームしてるのか！
見えてないのになぜわかるの？
当てずっぽうです（笑）

親の目

子どもたちが静かな時は、大抵ゲームをやっているか食べている時。だからイチかバチか怒ってみます。

最近は「何をしてるんだ！」と聞くと、「ゲームはしてないよ」と軽く返してきます。ウソかホントかわかりませんが。

ゲームは宿題の後で！

本当は見えてるんじゃないの説
…

第7章

見えない僕とコロナ禍

新型コロナウイルス感染症
緊急事態宣言が発令ー
…
ソーシャル
ディスタンスで
どこに並べばいいのか、
さらにわかりづらくなり…
点字表示などに
触れるのはー
やはり怖いです
マスクをすると
顔で感じる
風の流れや曲がり角
障害物がわかりにくく
いつもより勘が鈍り
家に帰ると
どっと疲れが出ます

手引きやガイドを
してもらいにくく
なっていたり

人がいないので
ものを聞けなかったりして

コロナは僕ら視覚障害者の
生活も変えてしまいました

そして一番不安なのが…

もし自分が感染し、知らない
ホテルに隔離された場合です
食べ物も自分で
とりに行かなければいけない
気軽に人に頼れなくなる
それが何よりも怖いです

これがよい対策法か
どうかわかりませんが
スマートフォンのビデオ通話で
家族に教えてもらったり
¥750
これは何？
カレーよ
750円だよ
相手と距離をとって歩くために、
ブラインドマラソンの
伴走者のように、ロープなどを
持参しておこうと考えています

ステイホームで
家族との時間が
増えました
今はこの時間を
大事にして
感染しないように
心がけています

あれ？いつも聞こえる
本屋さんからの音が消えた…
…
コロナ禍で
街の「音の印」が少しずつ減っています

見えない僕にとっての街の風景

僕は街を歩くとき、飲食店なら匂いや音、本屋さんであればBGM、商店街や小売店であれば売り子さんの元気なかけ声を頼りにして店を探します。パチンコ店は特にわかりやすい！

これが僕のいう「音の印」です。嗅覚や聴覚をフル活用しているところは、アンジーと似ているのかもしれませんね。

知らないうちに、あるはずの店がなくなっていたり、新しい店舗に入れ替わっている所があったりすると、いつもの街の音が変わり、一瞬、頭の地図が混乱します。そんなときは、脳のデータをアップデートし、柔軟に対応しています。

でも、突然の工事や街頭演説で街の音がかき消されると、これは完全に対処不能です。アンジーの動きや周りの人頼みになります。もし工事現場付近でうろうろしている僕を見つけたら、ぜひ声をかけてくださいね。

そして、「本を読みました」と一言教えてください（笑）。

リモート会議
僕にとっては
いつもと同じ

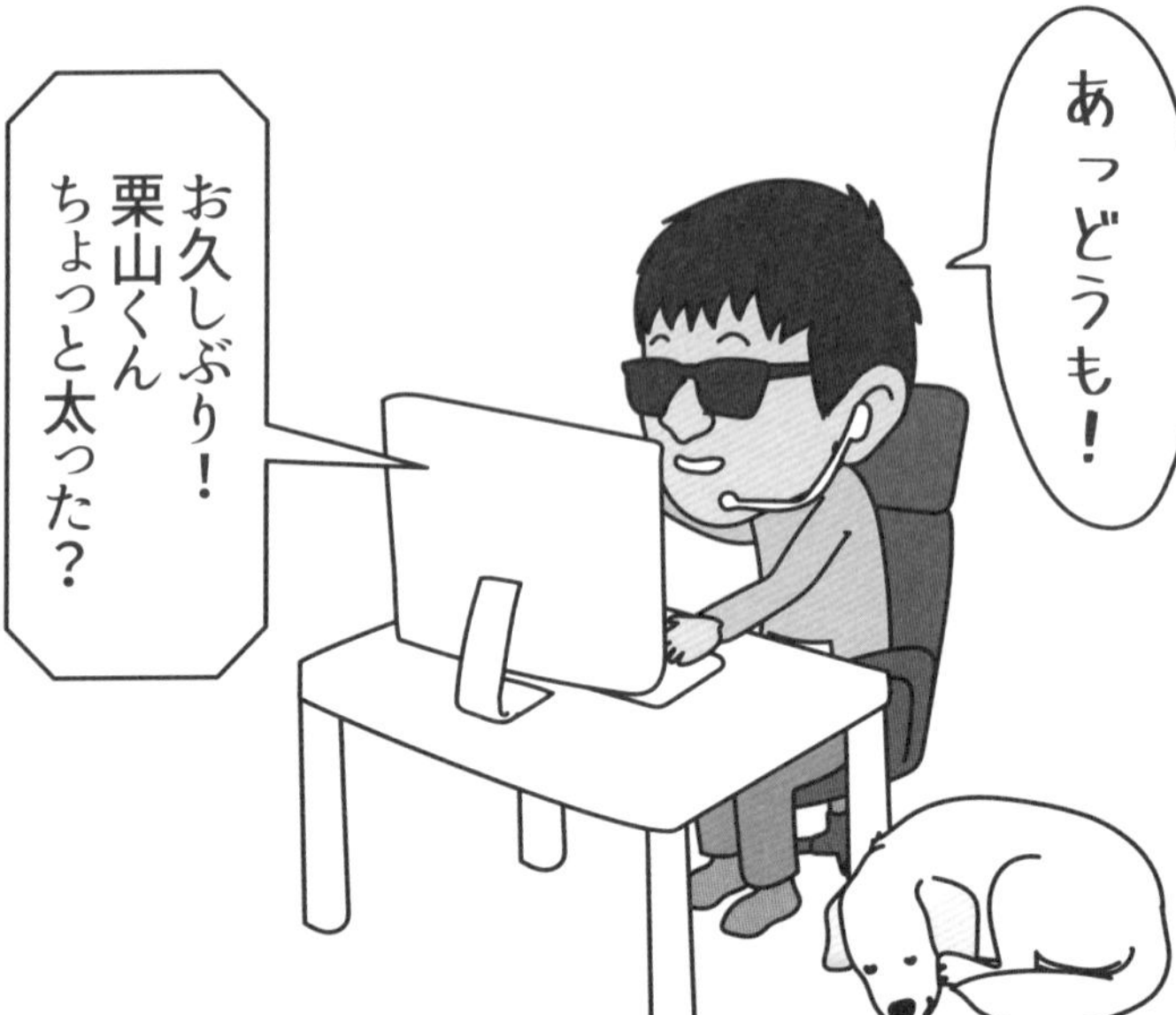
あっどうも！
お久しぶり！
栗山くん
ちょっと太った？

僕映っていますか

数年前と比べリモート会議がずいぶん増えてきました。

音声を聞くだけの僕にとっては、電話での通話と、カメラを使ったリモート会議はなんら変わらないのですが、相手の立場に立ってみると、画面に僕がいなかったり、顔が半分しか映っていなかったりすると、やっぱり違和感を覚えるでしょう。ということで、リモート会議が増え始めた頃は、僕の顔がカメラにきちんとおさまっているか、子どもや妻と練習したこともありました。

しかしながら、僕は結構完璧主義だったりするので、リモート会議中は、結局誰かに微調整してもらわないと気が済まないんですよね。

リモート会議
開始5分前
もっと笑って
顔の角度はここね
暗いな〜部屋の電気つけようか

「触ってもいいですか？」

コロナ禍で助けてくれる人の温かさを特に感じます

温かさと距離

新型コロナウイルスが蔓延しだした頃は、三密回避ということで、人と人との距離が重要視されました。

そんな中で手引きをしてくれる人なんているわけないだろうから、外出するのが厄介になるなと思っていました。出かけた先で、「触ってもいいですか」と僕の手をとってくださる方や、「何かお困りではないですか」と自分のリスクも顧みず声をかけてくださる方がたくさんいて、改めて感謝の気持ちでいっぱいになりました。

第8章

盲導犬アンジー

ダイアン引退後――
ばかやろう！ 前見ろ！ 立てなくなったらどうするんだ！
それはいつものように白杖で出勤をしていた時のことでした
許さんからな！ 住所と名前を教えろ！
この人は目が見えない人です わざとじゃないんですよ
…
そ、そんなの関係ないだろが
本当にすみませんでした
助かりました
いえいえ
一般的には被害者になりやすい障害者が加害者になってしまうことがある…
それ以来 僕は白杖歩行に自信がなくなりました

僕にとってダイアンとの思い出は非常に大きくもう盲導犬はもたないと決めていたのですが…
年齢と共に聴力など感覚の衰えもあり機動性と自立性が格段に落ち…
全盲である自分にとって盲導犬はなくてはならない存在だと痛感していました
そんな中、お世話になっている訓練士のNさんから盲導犬を紹介してもらいました
こちらがアンジーです
初対面は二人とも緊張
ドキドキ
第一印象は体は大きいけど足は短いでした（失礼）

アンジーとの共同訓練が始まりました—

共同訓練とは？

1か月寝食を共にし、座る・待つ・伏せる・呼ぶなどの基礎訓練と、天候問わず午前、午後の歩行指導を行います。

僕にとって3回目の共同訓練ですが、犬の性格は一頭一頭違うので（アンジーはどちらかというとゆったりタイプ）、すべて一から訓練しなおします。食事・排せつ・体の手入れなど健康面に関する勉強会もあります。

白杖生活とは違って、風を切って歩ける爽快感をこの訓練で再び思い出しました。

ゆったりタイプ
ポワーン

4週間後――
僕らはパートナーになりました
OK
一度は盲導犬は持たないと決めた僕…
ダイアンの事を思い出すと、これが正しい事なのか今でも答えは出せていません…
でも毎朝アンジーが起こしに来る時のうれしそうな息づかいを感じると間違いではなかったのだと思えるのです

ブラッシングしてほしいときのアンジーのポーズ

ブラッシングしてちょうだい

アンジーにはお気に入りの踏み台があります。これはアンジーのブラッシングのための台でもあり、妻や子どもたちが高い所の物をとるときに使うものでもあります。

時々、誰かがいつもと違う場所に持っていくと、しれっとアンジーが乗っていることがあるんです。気づかないと5分10分は当たり前に待っています。

ブラッシングをする予定は全くなかったのに、しっぽを振ってお願いされると、やってあげたくなる「きゅんきゅんオーラ」。完敗です。

絶対そっちタクシー乗り場だよね！この位の雨なら歩けるよね！
TAXI

アンジーの思惑とはうらはらに…

雨の日のアンジーとのよくあるやり取り。ハーネスから伝わる「タクシーに乗ろうよー」の、ぐいぐい誘導する感じ。本当は僕も迷っているのです。毎回タクシーだと、ぜいたくしていると思われちゃうから。でも、徒歩で行くと、職場に着いてタオルで丁寧に拭いてあげる暇もないので、乗ってしまおうかなと。そしてついついアンジーの甘い誘惑に負けてしまう僕。

　ただ、そううまくいくときばかりではなく、乗車拒否もたまにあります。アンジーがタクシーを見つけて自信満々に乗ろうとすると、「この車は犬はダメ。次のタクシーに乗ってくれる？」と断られることも。アンジーは楽もできずがっかり…。

ほかにも、妻が道端で手を上げて止めたタクシーが、盲導犬がいることに気づくとその場から去っていってしまうなんてことも昔はよくありましたね。

　晴れている日は脂肪を燃焼させるためにも、一緒に歩こうね。

コラム

2021年の東京オリンピック・パラリンピックを機に、タクシーは車高が高くてステップの低いものが出回ってきたように感じます。これは本当に乗りやすい！　セダン型は大抵頭をぶつけていましたから。

盲導犬にとってもステップが低いので、乗り降りが楽になりました。実はアンジー、あとずさりして後ろ足から降りることもできるんです。ちょっとした特技です。

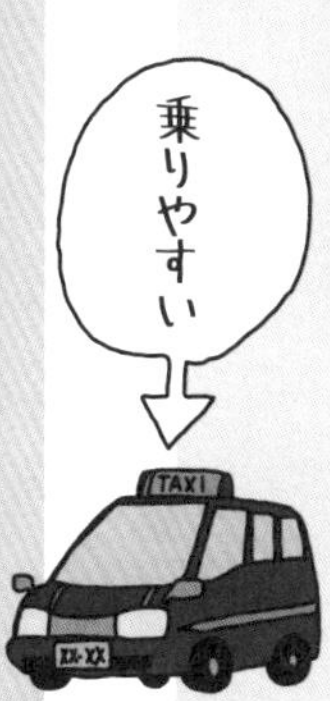

行きはダラダラ
アンジー もうちょい 急ごう… 遅刻しちゃうよ
ボー
帰りはルンルン
ねぇそんなに 俺と一緒が つまらないわけ? ねぇ?
♪

帰巣本能だよね…そうだよね

行きはのんびりマイペースでも、帰りは精度がぐんとUP。駅のホームでは、何番線に乗ったらよいかもしっかりと覚えている、一級品の帰巣本能。アンジーは本当に家が大好きなのです。

きっと、「家に帰れるぞ」という思いで、アンジーの目はきらきら輝いていることでしょうね。

まあ、確かに僕も朝は、時間に追われて忙しいし、出かけたくないなあと思うときもあるけれど、一応大人だから文句も言わず頑張って行きますよ。でもここまで相棒にわかりやすく態度で示されると、オイオイとツッコみたくなってしまいます。

アンジーの表情は見えなくても、ハーネスからガンガン伝わってきます。ガンガンね。

アンジーは
お風呂場のバスマットで
気持ちよさそうに寝ます
保湿を考えているのかな？

保湿

アンジーには専用のマットをリビングに用意しているのですが、なぜかバスマットの上で寝るのが好きらしいです。

生地が薄くて肌触りのいいものが好みだというのは知っているのですが、このバスマットはコットン100％のいたってシンプルで庶民的なものなんです。

そのマットが好きなのか、はたまたお風呂場前にあるので湿度高めな場所が好きなのか、好みは難しいですね。

アンジーすごい
カメラの前から
ぜんぜん
動かないわね
ありがとう
ございます

リモート取材

最近、リモート取材が主流になってきましたが、「アンジーの目線をもう少し上にお願いします」とリクエストされることがあります。そりゃ無理よと、内心思うのですが、頑張ってしまう僕…ではなく妻の工夫のおかげ。

実は…

アンジーは
一人で体重計に乗れます
盲導犬訓練士さんが
特別に教えてくれたものです

コロナで運動不足
ちょっと太りました
体重は秘密♪

体重の秘密

アンジーは「乗って」というと一人で体重計に乗ってくれます。

　最近は僕もアンジーもコロナ太りです。いや、僕に限ってはコロナ前からじわじわと増えていますから、コロナ自粛が原因とはいえませんね。

　我が家の体重計は音声で体重を知らせてくれる仕様なので、乗ったときには、「お前の体重は○○キロだ、恥を知れ！」とでも言われている気分です。まるで公開処刑です。まぁ痩せればいい話なんですけれど。

　何度かジムに通うことも考えたのですが、視覚に障害があると、ケガをしたときに責任を負えないということで、なかなか入会することができません。障害者専用のジムもあるのですが、電車とバスを使わないと行けない場所となると、かなり億劫になってしまいます。

　それで思いついたのが、自宅マンションの階段をアンジーと一緒に上ることです。手っ取り早く、何よりとても家計に優しい。建物が10階以上なので往復するだけで、ぜぇぜぇはぁはぁとかなりの運動になります。

　残念なことに夜のお酒とおつまみで、この努力も水の泡に…。

訓練士さんによる
チェックの日

このときは
アンジー超優等生

「盲導犬が猫を
かぶる」
お話でした(笑)

犬が猫をかぶるとき

訓練所から卒業した盲導犬は、1年に一度、訓練士さんが自宅まで来て状態をみる「フォローアップ」というものを受けます。

卒業した当時の状態を維持できているか、健康状態は良好であるかなどのほかに、一緒に生活していくうえでの相談などを聞いてくれます。

フォローアップでは、ふだんよく歩く場所でチェックをします。拾い食いをしないか、曲がり角や横断歩道できっちりと一時停止をするか、などを見てもらうのですが、アンジーは試験だということを察してか、ふいに猫をかぶってまじめモードに変わります。まるで若葉マークの初心者運転のように。曲がり角できちんと停止、ご主人の命令に忠実に…

いつもとちゃうやないかい！

また、訓練所に出向いてフォローアップを受けるときには、訓練所に近づくにつれてまじめモードに変わっていきます。

ちなみに…

ハーネスの持ち方で、盲導犬（お仕事モード）になるように訓練を受けております。

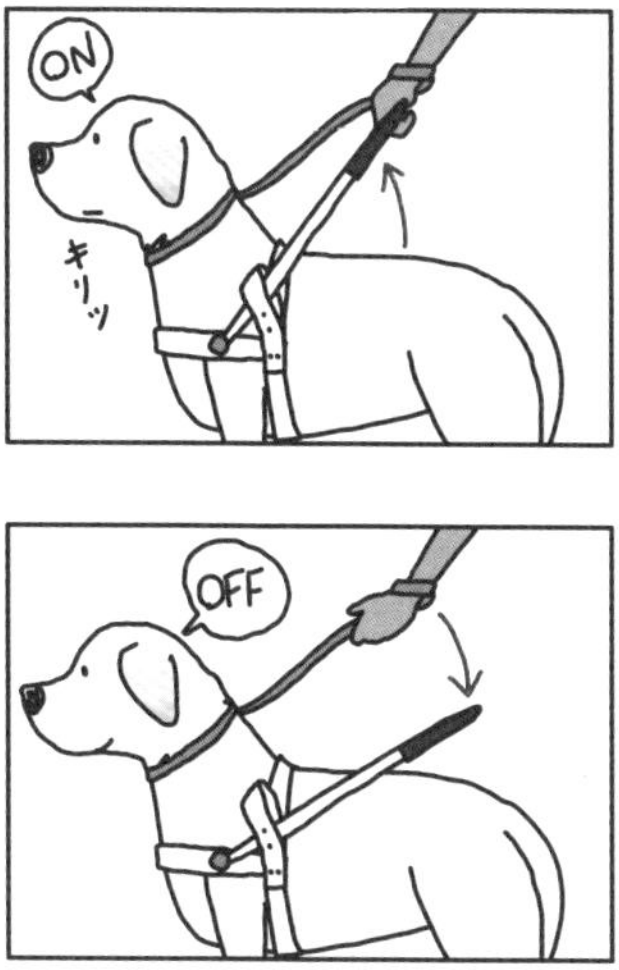

動物園は通れる場所が限られています
ファミリー動物園 ZOO
なぜかというと
トラ、ライオン、サルなどはアンジーの匂いでこちらに気付き、威嚇をしてきます
ガルルル…
動物が興奮することもあり一部エリアは通行ができません
ライオン
NG
トラ
NG
サル
NG
草食動物エリア
ここは動物園動物のルールに従います
アンジーも周りのただならぬ気配を感じてます
次はリスさんだからかわいいからね！
ドキ
ドキ

動物社会の掟

息子たちが動物好きなので、小さい頃は色々な動物園によく連れて行きました。でもアンジーを連れて行くときは、少し注意が必要なのです。

盲導犬を連れている場合は、入り口で特別なマップを渡されます。ライオンやトラ、サルがいるエリアは、動物たちが犬を見ると興奮してしまうため通ることができず、代わりにそこを通らない別のルートが設けられています。

でも息子たちはむしろ猛獣たちを見たいわけで、そのため僕はその特別ルートとの分かれ道、猛獣たちから見えるか見えないかの所で待機するのです。

ある日、お昼寝中のトラのエリアで、お客さんたちが「寝てばかりでつまらないねー、起きてよー」と話していたそうです。そしたら、遠くからふだん感じることのない犬の匂いを察知したのでしょう、むくっと起き上がりアンジーのいる方向をじっと見はじめたのだそうです。お客さんからしたら、まさに、シャッターチャンス。トラからしてみたら野性の本能をかきたてるぴりっとした瞬間だったでしょう。サルもフェンスを激しくゆすり、興奮した音が聞こえてきました。まさに犬猿の仲。

アンジーにとっては、縄張り争い、弱肉強食の世界を少し味わった日だったのかもしれません。

声をかけてもらって気づきました。
故障のため、ただいま
運転を停止
しております

アンジーもこれには気づかない

僕の買い物のエリアでもある横浜の桜《さくら》木《ぎ》町《ちょう》。駅からランドマークタワーまでの途中に、動く歩道があります。いつものようにステップに立ち、到着するのを待っていたのですが、一向に降り口につかないのです。どうしたのかなぁと思っていると、横から声がしました。「この動く歩道は故障中だから止まっていますよ」と。

風の動きやモーターの振動がないことになぜ気づかなかったのでしょうか。動いていないのに一人立っている自分を想像し、思わず赤面。アンジーもなぜ僕が立ち止まっているのか、わからなかったようです。

ドアが開く音で
エレベーターの到着を判断するため
ドア近くで待機してしまい
降りてくる人を驚かせてしまいます
来たか？
少し離れたところで待つと
ドアが閉まってしまって
乗れない事があります

エレベーターあるある（パート1）

エレベーター問題は色々ありますが、その中のよくあるパターン。

一つ目…開くのをドアのすぐ前で待っていると、降りてくる人がビックリするだろうし、遠くにいると開いているのかどうかわからない。

二つ目…フロアに並ぶエレベーター。どこで「チーン！」となっているのかわからない。

1階から○階までしか止まりませんというタイプも重なると、もうさっぱりわかりません。

すべてのエレベーターがユニバーサルデザインになる日を、首を長〜くして待っています。

音声案内のないエレベーター
チーン…
？
ここ何階？

エレベーターあるある（パート2）

ビル内での待ち合わせになると、まずエレベーターをアンジーに探してもらい、目的の階に向かいます。

音声案内のないエレベーターに乗り込んだ場合、いたずらっ子がすべての階のボタンを押して先に出てしまったことがあります。また数人が乗っている時はそれぞれの降りる階で何度か止まるわけですから、今何階にいるかは「難解」です（笑）。

音声案内がない上に、階数のボタンに点字表示がない所もまだまだたくさんあるので、こりゃお手上げだわとなる事もよくある話。

やはり、待ち合わせは1階にしてもらうのがいいですね。

ちなみに僕の住んでいるマンションのエレベーターには音声案内も点字表示もありません。だから、別の階のうちと同じ位置にあるめちゃめちゃ怖そうな方の家に入りそうになり、ドキッとしたこともありましたよ。

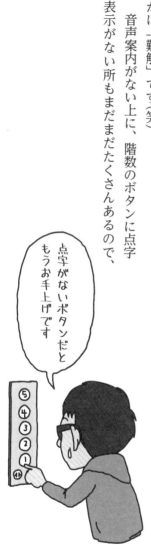

盲導犬アンジーの苦手なこと

初めてのエスカレーターの
乗り口と降り口の識別

なのでエスカレーターに乗る前に手すりを触って確認したり、人から教えてもらったりします。アンジーに限らず、どの盲導犬も苦手でした

意外にも…。

僕は、知らない場所でエスカレーターの乗り口と降り口をよく間違えることがあります。手すりの動きに触れるまで、間違いに気づけないのです。アンジーもこの違いを理解するのは難しいようです。

しかし親切な人に、直前で声をかけていただけることが多く、間違えて足を踏み入れてケガをしたことはありません。これは皆さんの愛の証。

僕の日ごろの行いがよいからでしょうか（笑）。

ちなみに…

アンジーは公園などにある車止めの柵を通り抜けることも苦手です。自分たちが通ることのできる所を見つけられないようです。アンジーにとっては小さな迷路なんでしょうね。

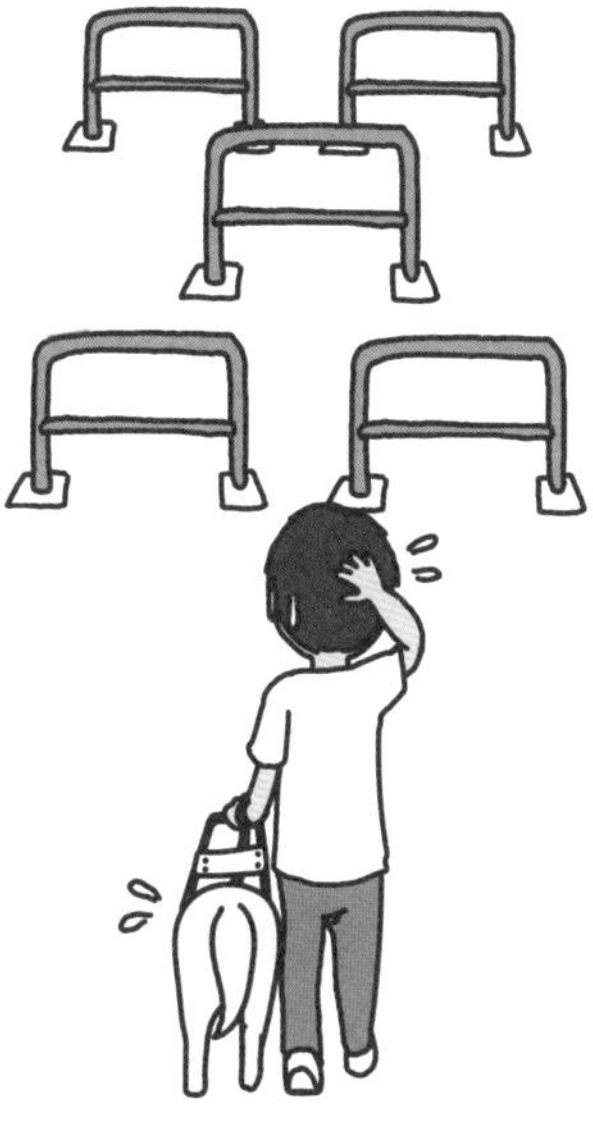

まもなく○○駅～
○○駅～
クイクイ
駅に着く前に、ちゃんと起こしてくれます

乗り過ごさなくなりました

最終電車の終点まで行ってしまうことがよくあり、真夜中のタクシーの中、寝ているであろう妻に「お金が足りないから外に持ってきてください」と恐る恐る電話するのでした。

今ではアンジーのおかげで、乗り過ごすことがなくなりました。

早く家に帰りたいという思いが功を奏して、アンジーはいろいろなアナウンスでも聞き取ってくれるようになりました。「次は〜○○駅〜」と最寄り駅のアナウンスが聞こえたらむくっと起きてくれます。

アンジーがいなかった頃は散々でした。たくさん飲んで帰る電車はまるでゆりかご。なんであんなに気持ちいいんでしょうか。秒で寝ることができます。

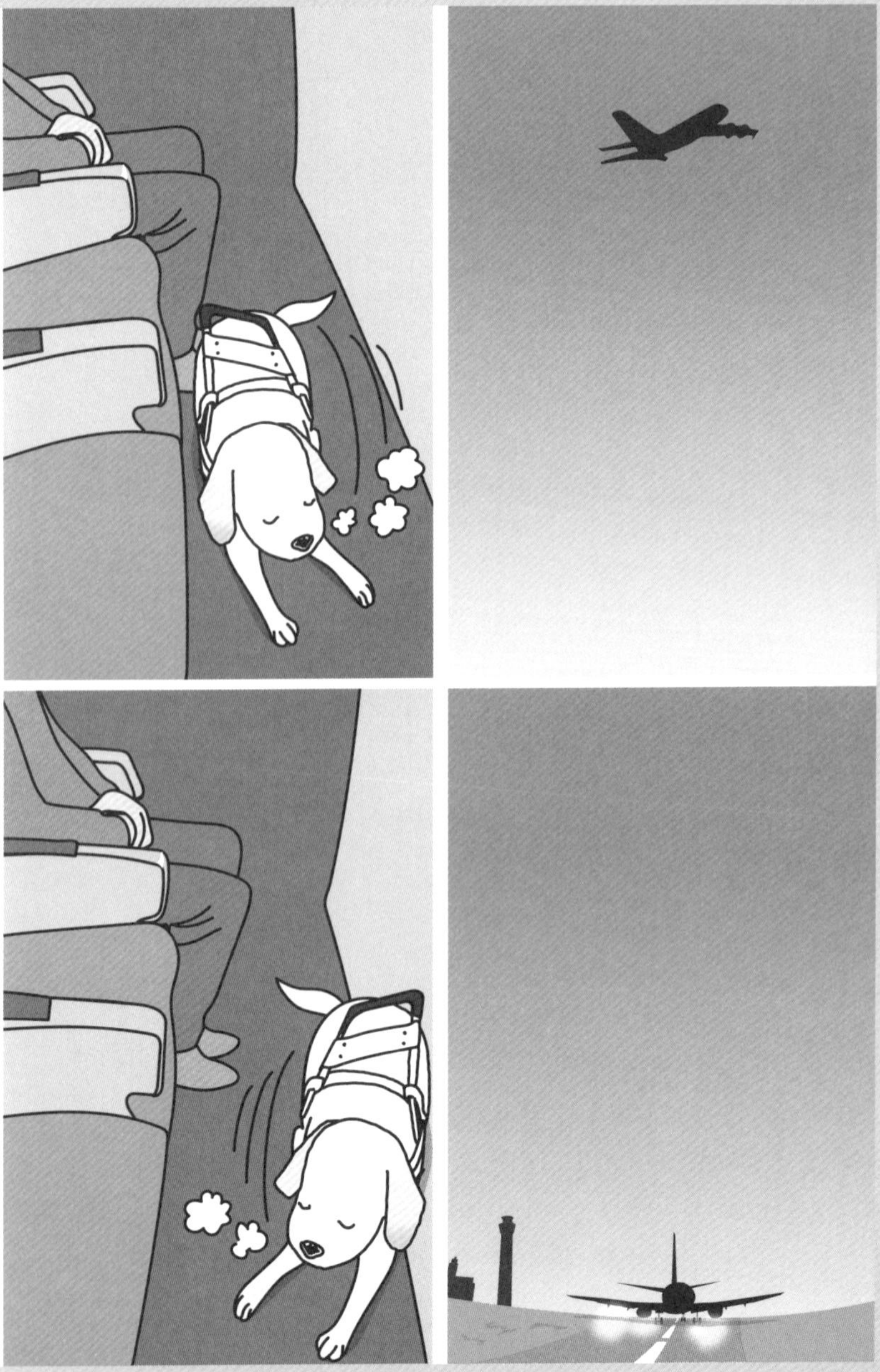

離陸と着陸

そんなことにも動じず、滑っても寝ていられるアンジー。焦っているのは、僕だけなのでしょう。

ご存じでしょうか、盲導犬も一緒に飛行機の客室に入ることができるのです。

離着陸のときは人間の僕でもかなり傾いてるなぁと感じます。ましてや、シートベルトを着けることができない盲導犬にとってはこの傾きは、まさに「ズルズル現象」。ゆるい滑り台レベルなのでしょう。そんなときはアンジーが座席の下まで滑ってしまわないように手と足でおさえるようにしています。

ペット犬たちも近頃では、車に乗って家族と移動なんてことが多いと思いますが、このようなズルズル現象はよくあるのかもしれませんね。

3
1
4
2
フェッチ
ベター
1000
あ、ありがとう…

アンジーの愛いっぱいのお札

盲導犬の命令語の中に「フェッチ」という言葉があります。（→P94）

落とした物を拾ってもらうときにこの「フェッチ」を使いますが、普段はあまり使わないので、アンジーが忘れないよう、時々家で訓練することがあります。

形によって、とりやすい物と、とりにくい物があるようです。キーホルダーのついた鍵はくわえやすいので、さくっともらうことができます。

しかし、切符、カード類は薄いため拾いにくく、舌と歯を巧みに使って取ろうとしてくれますが、ほぼとることができません。唯一とることができたお札には、努力の痕跡が。ベターっとよだれで湿って戻ってきました。さすがにこのお札は、自動販売機には差し込めませんでしたね。

家に大切に持ち帰って、ドライヤーで丁寧に乾かしました。

アンジーが
拾いやすいもの

アンジーが
拾いにくいもの

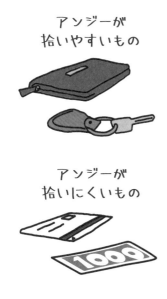

思い出の写真コーナー

いつもありがとう!!!
ブラッシングは二人にとってかけがえのない時間です

第9章

見えないあるある目白押し

マグロで！
やっぱり私がやるよ
タッチパネルの注文はもはや無理ゲーに等しいです…

厄介なテクノロジーの進化

ファミリーレストランや回転ずしは、お手頃価格で子どもを連れて行くことができる場所の一つです。

最近はタッチパネルで注文をとれる店も多くなりましたが、このパネルは目の見えない人にとって厄介なテクノロジーともいえます。

パネル自体つるつるで何もわかりませんし、そもそもパネルの存在に気づかなかった場合、店員が来るまでずっと待ち続けることになります。

ある日、アンジーを連れて家族でファミリーレストランに行くと、さらに時代は進化していて、注文したメニューをロボットが届けるシステムとなっていました。しかもネコ型ロボットの！

子どもたちはめずらしそうにとても面白がっていました。そしてアンジーは、同じ働く動物として（?）じっとその仕事ぶりを目で追っていたようです。ネコ型の配膳ロボットは、動き回って食事を届けるのが仕事、それに対しアンジーは足元でじっと待っているのが仕事。

便利なものが増えてきましたが、果たしてそれがすべての人にとって便利かどうかは…う〜ん難しいところですね。

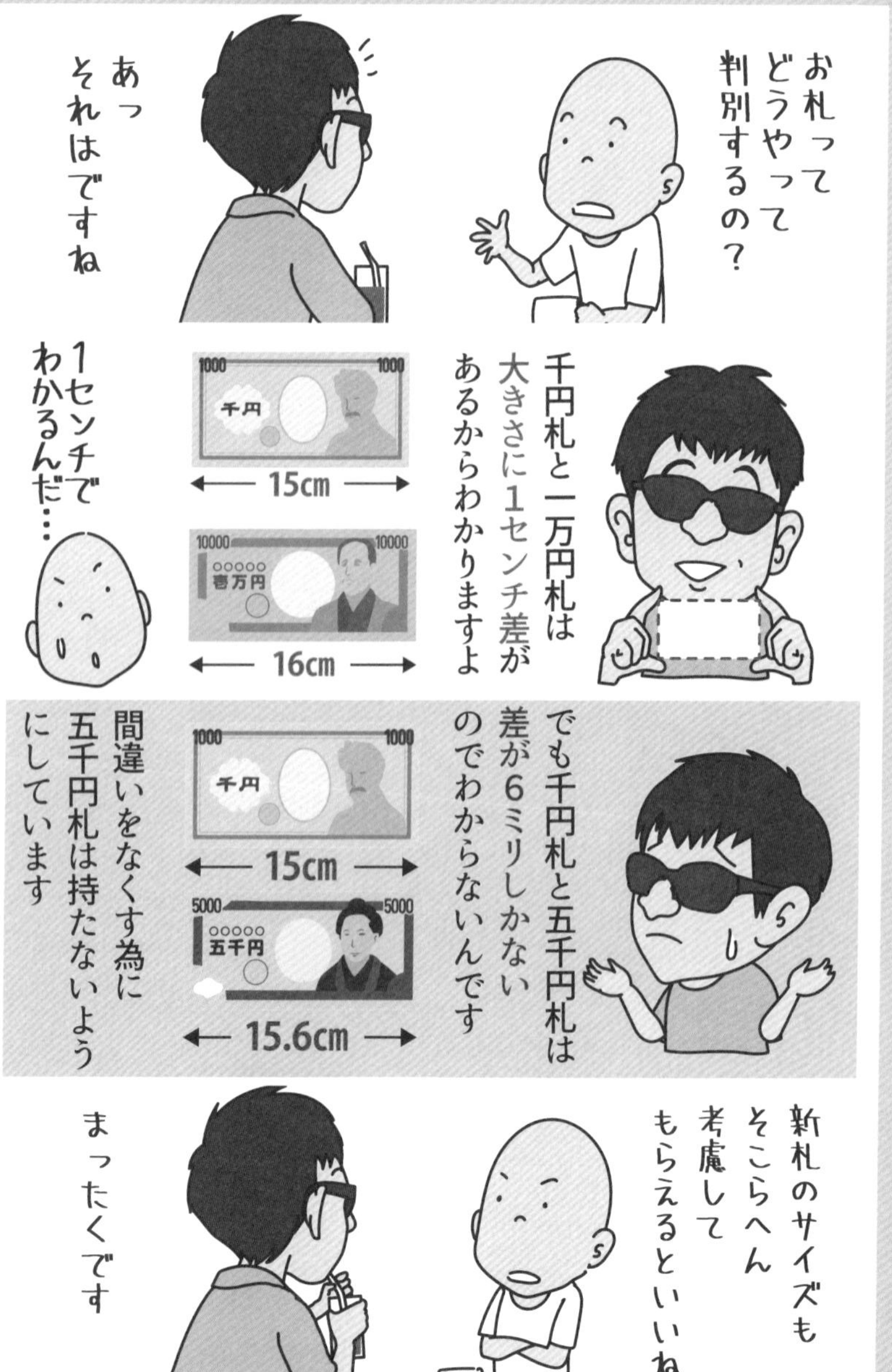
お札って
どうやって
判別するの？
あっ
それはですね
千円札と一万円札は
大きさに1センチ差が
あるからわかりますよ
1000
千円
15cm
10000
壱万円
16cm
1センチで
わかるんだ…
でも千円札と五千円札は
差が6ミリしかない
のでわからないんです
1000
千円
15cm
5000
五千円
15.6cm
間違いをなくす為に
五千円札は持たないよう
にしています
新札のサイズも
そこらへん
考慮して
もらえるといいね
まったくです

目の見えない歌手レイ・チャールズ。〝ミスター1ドル札〟と呼ばれ、どれほど多額なギャラでもだまされないようにと、1ドル札ですべてもらっていたという話は有名です。アメリカは日本と比べ、紙幣の大きさやマークに違いがないので…そう考えると僕たち日本の視覚障害者は、日本人の緻密さに助けられているんですね。

そんな日本のお札にもわかりにくいところはあります。千円札と五千円札の区別がつきにくいんです。僕はサイズで識別するのが好きなので、基本的には千円札と一万円札を持ち歩くのですが、五千円札が手元に来てしまったときは、四つ折りにして、別の所に入れておきます。

6ミリの差

ある日、改札の窓口で千円札を見せながら、
僕「これは五千円札ですよね」駅員「いえ千円です」僕「いやいや五千円でしょー」駅員「いや…千円です」。家に帰って財布を確認したら、しっかり千円札でした。

今の時代は現金よりキャッシュレス決済が主流になりつつありますが、これまたデジタル操作の苦手な僕にとっては、厄介なシステムになりそうです。

コラム

日本の紙幣は左右の下に厚めに塗られた識別マークが印刷されています。一万円札には「かぎ括弧」、五千円札には「八角形」千円札には「横棒」。日本の職人技が光ります。

（2023年現在）

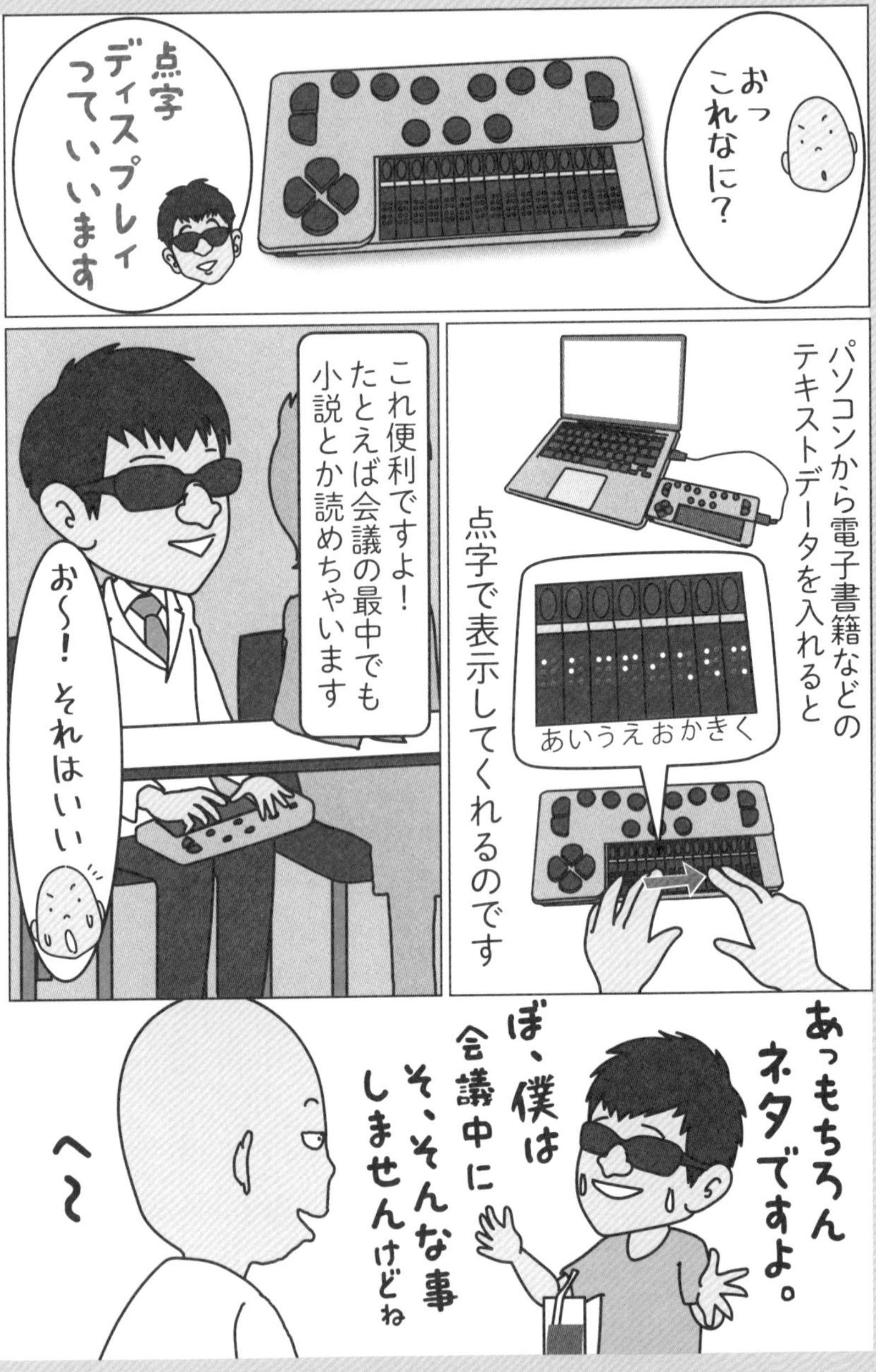
おっ これなに？
点字ディスプレイっていいます
パソコンから電子書籍などのテキストデータを入れると
点字で表示してくれるのです
あいうえおかきく
これ便利ですよ！たとえば会議の最中でも小説とか読めちゃいます
お〜！ それはいい
あっもちろんネタですよ。
ぼ、僕は会議中にそ、そんな事しませんけどね
へ〜

点字ディスプレイ

この点字ディスプレイは、様々な場面で使われます。

例えば会議でメモ代わりに打ち込んで使ったり、発表をするときに読みながら使ったりすることもあります。頭数だけ欲しいつまらない会議なんかの場合は、ダウンロードした小説を読むなんて使い方もあります…。なんて、この本で書いてしまったら、「あの人本当に話を聞いているのかな、もしかして別のことをやっているんじゃないかな」と、ほかの視覚障害者の皆さんまでも疑われてしまいそうなので、それは絶対にありませんと宣言することにしましょう。

昔はカラオケで歌詞を読むのに、点字ディスプレイを使いながら歌うこともありました。ただ、最近の曲はテンポの速い歌が多いので、点字を読みきれず歌えません。

ちなみに…

選挙では、点字で書かれた立候補者の一覧を見ることができます。そして点字専用の紙に打ち込んで投票します。たまに、数人のスタッフが後ろについて投票することもあり、その時は緊張します。

投票中
勝手に緊張

写真のときのポーズ

写真のときにどんなポーズをすればいいか、よく分からなくて
たしかに栗山くんの写真は
イエーーーイ!!
棒立ちや座っているだけが多いかもー
イエーーーイ!!
手を出してみて
はい
グーにして親指立てて
シャキーン!!
手を出す向きは顔の方向と同じね
うん
なで
なで
俺は写真のときはだいたいこれするよ
今度よかったらやってみて
了解!
飲み込み早っ!

ちょっとしたしぐさ

僕は、「しぐさ」が少ないとよく言われます。なぜ少ないかというと、みんながする「一般的なしぐさ」がわからないからです。

例えば、写真を撮るときのポーズ、うーんと考えるポーズ、いやいやと顔を横にするしぐさなどなど。

小さいときから視力が弱かったので、周りの人たちが場面場面でどのような動作をしていたのかあまり覚えていません。見えないので、自分がその動作をしてもレスポンスがあるかどうかもわからないから、別れるときの「バイバイ」なども、妻に言われなければあえて人に対してすることはありません。

しかもバイバイと手を振っても、普段やっていないから、ぎこちないねと笑われます。

でも、自分自身の音楽関係のライブでは、僕が棒立ちになると、お客さんもつまらないでしょうから、しぐさやリズムのとり方の練習などを、実は家でコツコツやっていたりもするんですよ。意外と努力しているでしょ？

このポーズかっこいいかな？
次のライブで
やめたほうがいい！

読み上げソフトのおかげで僕でもスマホが使えるようになりました
へぇ〜いいわね〜
栗山くんへグルメな会次回はカニのフルコースで決定しました！
おかげで隠し事のない家庭を築けています（笑）

読み上げ機能

近頃では、多くの視覚障害者が、スマートフォンやパソコンを使っています。見えない人がどうやって使っているかというと、スマホでは「ボイスオーバー」という読み上げ機能を、パソコンなら「PCトーカー」という読み上げソフトを使います。

読み上げソフトは速度が調整できます。だんだん耳が慣れてくると、かなりの高速でも聞き取れるようになります。

最初は妻も何をしゃべっているのか全然わからなかったようですが、毎回聞いているうちにわかるようになってきたようです。

スマホ「グルメな会、次回はカニのフルコース、〇〇集合だよ」

妻「また自分だけ、おいしいもの食べるつもり？」

僕「…」

といった具合に。

これじゃあプライバシーがダダ漏れで、うかうかネット検索もできませんね。イヤホンをすればいいだけの話ですが、これまた、イヤホンをつけているときは、やましいことをしているんだなということもバレてしまいます。

ちなみにアイフォンなら、スクリーンカーテン機能で、画面を真っ暗にして音だけで操作することもできます。

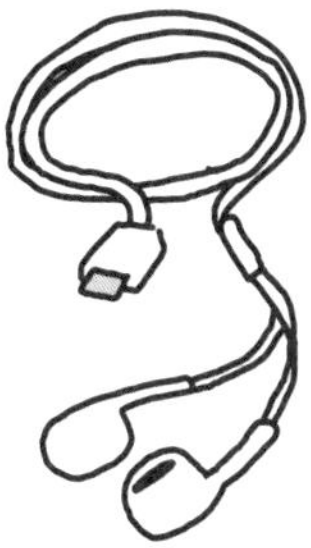

僕にとってお鍋はいつも
闇鍋状態

お鍋の季節

　僕の冬の楽しみ、それはお鍋です。水炊き、おでん、すきやきなど王道なものから最近は、トマト鍋、チーズ鍋など変わった種類のお鍋もよく口にします。

　お鍋や、大皿に入った食べ物は自分で取り皿に入れるのは難しいので、よそってもらうことがほとんどです。

　大皿の食べ物は料理名を教えてもらえばわかるのですが、鍋の場合、中にどんな食材が入っているのか、そして今お箸でつかんでいる食べ物が何なのか、わからず口に入れるので、まさに闇鍋状態になります（こんにゃくは嫌いなので入れないでね）。

　本当は何を食べようとしているのか聞きたいのですが、そこはあきらめて一口含み「白菜だ」「鶏肉だ」と楽しみながら味わっています。

　でも、お刺身だけは口に入れる前に何を食べるのか知りたいので、1種類ずつ小皿に入れてもらいながらいただきます。理由は口の中で瞬時に判別しにくい繊細な味だからです。刺身好きでもある僕としては、ここだけは譲れない点なのです（刺身こんにゃくも絶対に入れないでね）。

こうなってしまうと
味が混ざって
何を食べているか
わからないのです

蛍鑑賞
花火
VR《バーチャル リアリティ》
僕の?《ハテナ》ベスト3でした

僕の？《ハテナ》ベスト3発表！

僕の？《ハテナ》ベスト3。決して嫌いというわけではなく、視覚からの情報として理解することが難しいということです。

一方で、僕の好きなものは、音楽のほかに旅行があります。名産品をお取り寄せしたほうが楽だったり、歴史や文化はインターネットで調べたら手っ取り早いのでは？と言われそうですが、それだけではないんです。

温泉に入り、そこに住む人に触れ、その土地を身近に深く感じたい。いわゆる体験型のものが、わかりやすく大好きです。

以前、図書館の司書で、公私ともにお世話になった方がいます。とても感性が豊かで知識が豊富。街を一緒に歩いてくださり、言葉でわかりやすく伝えてくれたので、目の前に景色を思い浮かべながら楽しむことができました。

それに対して、家族と出かけたときなどは、ある程度の説明はしてくれますが、クォリティーはまずまずといったところでしょうか（笑）。想像するためのデータ量としては、決して多いとは言えません…。

でも、話の途中に多すぎるほどの「すごいきれい！」「めちゃ楽しい！」「触ってみて！」「お父さんにも見せたい」などの言葉、興奮した様子をもろに感じることができます。

僕にとって、誰と行き、どう感じることができるのかが醍醐味なんだと思います。

おおおお！栗山くん！
久しぶり！元気？
俺だよ！俺！
ど、どうもお久しぶりです
名乗って…

声だけで判別するのは結構大変

「栗山くーん、お久しぶりー」と言われ、まず誰だっけ?と必死で記憶に検索をかけます。声だけではなかなか思い出すことができず、世間話の中からなんとか引き出そうと思うけれど、天候や時事ネタではなかなか名前までたどり着くことはできません。

　さらにカテゴリー分類して、音楽関係、子ども関係、職場関係と話を振ってみて調査します。ここくらいで大抵ヒットすることができます。

　それでもわからなかった場合、ここまでしゃべっておいて「あなた誰ですか」と名前を聞くこともできないので、悶々としながら家に帰って会話の状況を振り返って妻や子どもに聞いてみて、そこでやっとたどり着くこともあります。

　あの探っただけの立ち話はなんだったのか……。

フーアーユゥーー?
「どなたですか?」は
僕でもなかなか
聞きにくいものです

体感温度だけでは、日向と日陰の判断がつきにくいです
もし待ち合わせでしたらすぐ横が日陰ですよ
本当に助かります

見えない僕の日陰と日向

目が見えている人と一緒にいるときは、その人が歩道橋やガードレールなどの日陰を探し、歩きやすい場所を教えてくれたりもします。

夏の外での待ち合わせはきついですね。日陰がどこにあるのか見つけにくいので、声をかけてもらうと僕もアンジーも大変助かります。

日向のアスファルトは高熱になることもあり、犬にとっては大変危険な場所でもあります。夏は足のやけど対策に犬用の靴を買ってあげようかと検討したのですが、エスカレーターで靴が挟まれるという話もあるので、まだ保留状態です。

白杖の弱点

雪の積もった日は音が雪に吸収されるのか、いつもより静かに感じた経験が皆さんにもあると思います。また、雨の日は傘に当たる雨音で周りの音がかき消されます。

こういった日に白杖で歩くのはいつもよりかなり慎重になります。白杖を持って歩く者にとって、音は点字ブロックよりも大切な目印になります。音の跳ね返り具合でここはどのあたりだと判断していますので、いつもは普通に歩いている道も、あれっ？今どのあたりだ？とわからなくなったり、横断歩道もまっすぐ歩くことができずに通行人に教えてもらったりすることがあります。

こういう時は頼れる相棒のアンジーの出番ですね。あれっ？いつもの出不精ですか？頼みますよ、アンジーさん！

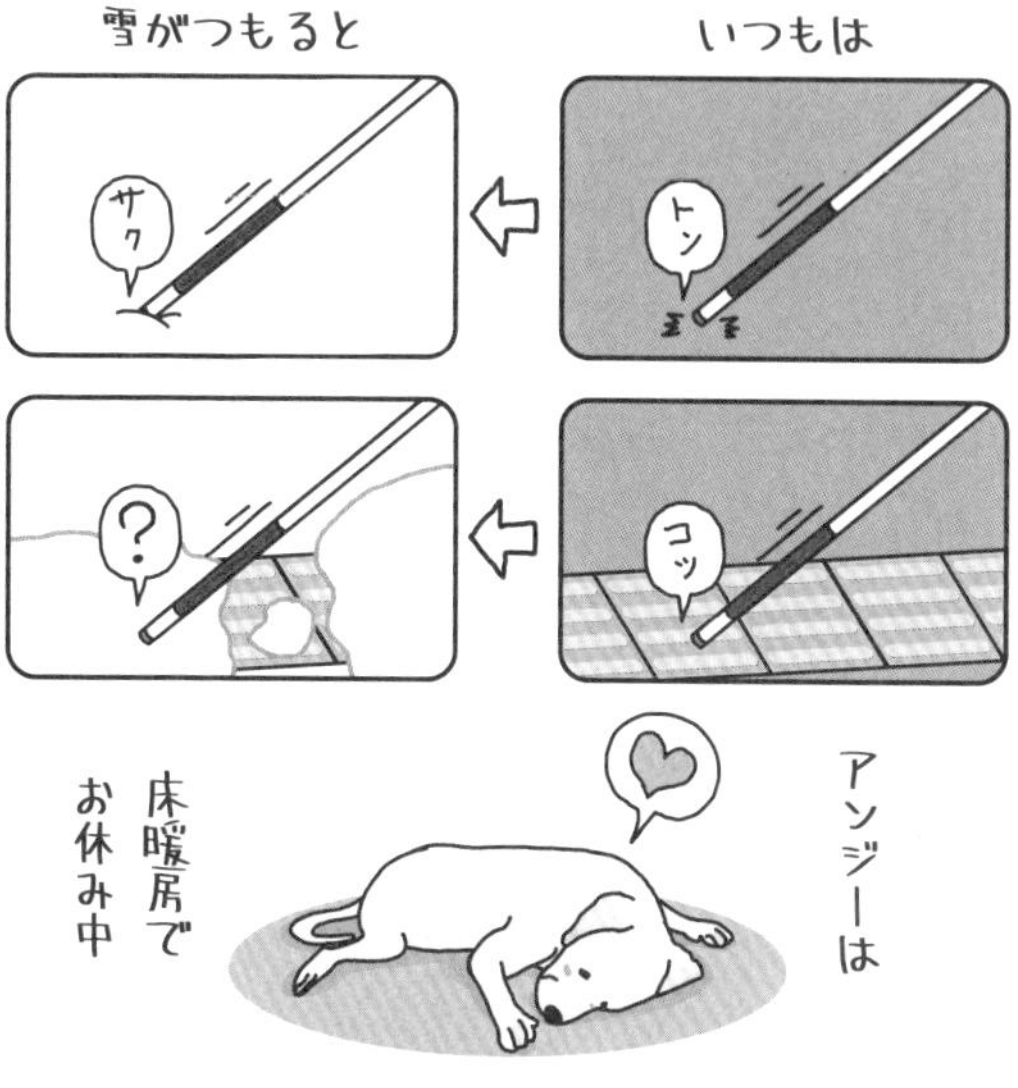

靴下は
同じものを買い
色の間違いが
ないようにしています

靴下の履き違いゼロ

おしゃれは足元からといいますが、独身時代はそんなことを言っていられませんでしたからね。洗濯をしてばらばらになっても困らないように、ほとんど同じ色の靴下をはいていました。

また、スーツに合わない柄物の靴下にはボタンなどをつけて区別していたこともあります。靴下だけでなく、Tシャツにもボタンで目印をつけて色物と柄物を分けていました。

意外に思われますが、以前は裁縫もできたんですよ。今はどうでしょう、もう何年もやっていないのですっかり忘れてしまいました。視覚障害があっても、裁縫や料理などを様々な工夫を凝らして頑張っている人もいます。

頭の使いようで、いかようにも生活が豊かになるということを教えてもらっている気がします。

目が見えない僕のルール

リモコンやスマートフォンは
常に定位置に置くように
しています

たまに行方不明
だいたい犯人は息子たち（笑）

我が家のルール

誰が決めたかわかりませんが「我が家のルール」というものがあります。

「部屋のドアや戸棚の扉は中途半端に開けておかない」「物は所定の位置に戻す」

最近では、「まきびし」かと思うようなおもちゃのブロックが落ちていることは少なくなりましたが、まだまだ我が家でさえ危険がいっぱいです。もう少し僕の気持ちになって考えてよと思うこともしばしば。

そんなある日の息子たちの会話。

長男「俺さ、目が見えなくなったら怖くて歩けないよ。多分ソファーから動かないな」

次男「俺は手をつないで誰かに連れてってもらうよ。それ以外は布団の中で寝て過ごす」

長男「お父さんよくあんなに一人で出かけるよね、すごいね」

そっかぁ、そんなことを考えたりするのかと遠くで聞いていました。そして、

僕「ねえ、リモコンとってくれる？」とお願いしたら、

長男&次男「それくらい自分で探せば！」

僕「…」

でもこんな会話をする中で、周りの人たちの気持ちが理解できるようになってくれたらうれしいなと思う、欲張りな僕でした。

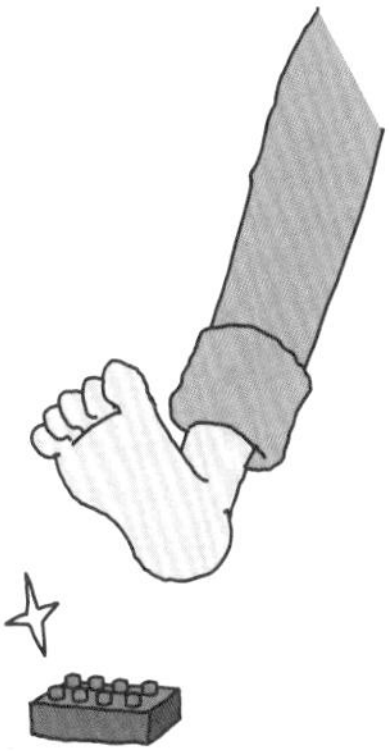

大谷翔平選手の二刀流の事を
つい最近まで
右手と左手で投げてると思っていました
見えないあるある
言葉だけだと結構伝わらない
…

大谷翔平二刀流！

誇れる日本人の一人である米メジャーリーガーの大谷翔平《おおたにしょうへい》選手。僕もニュースで大谷選手の海外での活躍を聞くと、なぜか身内のことようにうれしい気持ちになります。

「二刀流」というと僕のイメージでは侍が2本の刀で相手を切り倒すのを想像します。時代劇で敵に囲まれながらも一人で戦う場面です（昔見たことがあったような）。

　大谷選手の二刀流も同じだと思い、右でも左でも投げることができる器用な人だとばかり思っていました。

　画像では見ることができず、聞くことで主に情報を集める僕なので、この世の中まだまだ知らないことや勝手な妄想で勘違いしていることがたくさんありそうな気がします。

　このように事実を知ったときは、驚きと喜びでなかなか面白く感じます。

ちなみに…

ロボット展に妻と行ったときの話。
妻が「動物型ロボットがあるよ」と僕の手をとりロボットに近づけました。すると突然毛の生えたふわふわした物が動きはじめました。
僕は固定観念でロボットはツルツルした物と思っていましたので、想定外に派手にのけぞってしまいました。
思い込みって…。

ドキ
アン！
アン！

第10章

目が点になる子どもたちの質問

僕は視覚障害者として各地で講演をすることが多く、そこで子ども達から質問をもらいます。これが遠慮なく直球な質問ばかり。でもその質問が的を射ていることも多く、ここではその一部を紹介したいと思います。

小学生からの質問

Q　どうやってご飯を食べてるの？

A　皆さんと同じようにお箸やスプーン、フォークを使います。食べ物の位置は、クロック・ポジションといって、時計の数字の位置で伝えてもらいます。たとえば正面にある物は、「12時の方向にとんかつがあります」などと説明されることが一般的です。でも、上下左右で説明してもらってもちゃんとわかりますよ。

ちなみに食べにくい料理はざるそばです。麺を持ち上げてそばつゆの入った器に入れるのが意外と難しいのです。

ほかにもメニューに応じて食べる工夫をしているので、またの機会にご説明しますね！

Q　お風呂にはどうやって入りますか？

A　家のお風呂の場合は、どこに何があるのかわかるので目が見えている人と変わらないスピードで体を洗ったり、湯船につかったりしています。

シャンプーとコンディショナーは、ボトルに印があるものを使って識別します。シャンプーのポンプ上部と側面に印がついているものが多いです。ホテルによっては、リンスインシャンプーとボディーソープの2種類の場合もあるので、結局はイチかバチかで使ってみることが多いです。

ここで要注意！　ホテルなどではシャンプー、コンディショナー、ボディーソープの容器の大きさが同じ場合が多く、コンディショナーとボディーソープを間違えると、髪の毛はパサパサになり、体はぬるぬるになってしまいます。

Q　盲導犬は何を食べますか？

A　ローストビーフと言いたいところですが、通常のドッグフードを食べています。盲導犬のユーザーによっても違うと思いますが、一日1回か2回あげます。

アンジーは食べるのが大好きなので、食事の量を調整して楽しみを2回にしています。

Q　盲導犬はどうやって道を案内するの？

A　カーナビみたいに、目的地を言えば連れて行ってくれると思われますが、そこまでスーパードッグではありません。ユーザーが目的地までの地図を頭に入れて、盲導犬に指示を出します。本来、盲導犬は目の前の安全確認をするだけなんです。

目の前に危険がないかを
常に注意しています

中学生からの質問

Q　洋服選びはどうするの？

A　独身の時は、自分で店に行って店員さんにお任せしていました。結婚後は妻に頼んでいます。あわよくば自分も着られるんじゃないかと、彼女自身が試着して似合えば金額関係なしに買ってもらえることもあります。

高校生からの質問

Q　初恋はいつですか？

A　小学校2年生の時にクラスの「まどかちゃん」と「ふうかちゃん」「みかちゃん」が好きでした。1週間おきに好きな子がチェンジしていました。

Q　奥様との出会いは？

A　クリスマスパーティーで出会いました。目の見えない僕と妻が、どうやって恋愛をして結婚をしたのかは、少し恥ずかしいので、ご想像にお任せします。でも、もしこの本の続編が出たらそこでお伝えしますね（笑）。

どうも
ありがとうございました！

おわりに

この本のコンセプトは、
ユーモラスな出来事を通して障害者に触れることで、
皆様に自由に「障害者像」をイメージしてもらえたらというものでした。
それこそが障害者をニュートラルに知ってもらうことであり、
その結果、社会がいい方向に進めばと考えたからです。
例えば思春期の子どもに「6時までに家に帰りなさい」
「脱いだ服は片付けなさい」などと口うるさく強制しても、
心に響くものがない限り、聞く耳を持ってもらえません。それと同じように、
大人に「共に助け合いましょう」「誰も置き去りにしないようにしましょう」
などと言っても、馬耳東風。逆に、こんな直球で言われると
反発したくなる人も少なからずいるでしょう。
だからこそ、この本を読んで障害者の日常を知ってもらい、
その先は皆様の解釈に委ねたいと思ったのです。

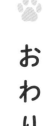

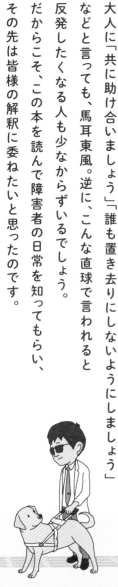

もう一つ考えたのは、健常者が万が一障害を負ったとき、障害者の日常を少しでも知っていれば、障害への向き合い方次第で明るく生きてゆくことができるのではないかということです。

障害者のリアルな困難さを知ってもらうことで、世の中に便利なアイテムや安全な環境が増え、温かい社会が生まれます。

実はこのことが健常者にとっても、障害を負ったときのための大きな心の保険になっていくのではないかと考えたのです。

と、まじめなことを書いてしまいましたが最後に、

この本を読んでくださった皆様、

発行まで多大なご尽力をくださった皆様、

僕の周りでさりげなく支えてくださっている皆様一人一人に厚く御礼申し上げます。

では、いつの日か第2弾(?)でお会いしましょう!

栗山龍太

見えないボクと盲導犬アンジーの
目もあてられない日々

2023年3月20日　初版第1刷発行
2024年5月19日　第3刷発行

原作　栗山龍太
文　栗山ファミリー（栗山香奈子）
企画構成・イラスト　エイイチ
デザイン　富澤祐次
校閲　小学館出版クォリティーセンター
　　　小学館クリエイティブ
協力　石井みどり

発行人　青山明子
発行所　株式会社小学館
〒101-8001
東京都千代田区一ツ橋2-3-1
編集　03-3230-5623
販売　03-5281-3555

印刷　図書印刷株式会社
製本　牧製本印刷株式会社

制作／黒田実玖　資材／木戸　礼　宣伝／阿部慶輔
販売／窪　康男　編集／北川吉隆

小学館発行　Printed in Japan
ISBN 978-4-09-389107-3

■本書の出版に際し、日本児童教育振興財団から助成をいただきました。